毛沢東の霊言

中国覇権主義、
暗黒の
原点を探る

大川隆法
Ryuho Okawa

まえがき

共産主義がなぜ間違っているか。

それは嫉妬《しっと》心が集まれば「正義」となり、その「正義」が暴力的手段で支配階級を打ち倒し、結果「全体主義の悪魔」が生まれ、最後には、一人一人の国民の生命《いのち》と言論が圧殺される逃げ場のない地獄が、果てしなく広がるからである。

この毛沢東《もうたくとう》の霊言は値千金《あたいせんきん》である。

金もうけの自由で人民をつりながら、政治的、宗教的奴隷化《どれいか》が、現在進行形の社会で、十四億人に対して現実化されているのである。

携帯《けいたい》やスマホ、インターネットが拡散する社会で、完全な国家管理ができあがるなど、一体、誰が想像しえたか。新聞やテレビや映画が、国民を奴隷化する道具になり果てるとは。
神を信じない国家は恐ろしい。捕《とら》われのネズミと化した人民を解放する力が存在しないのだ。

二〇一八年　十二月二十八日

幸福《こうふく》の科学《かがく》グループ創始者兼総裁《そうししゃけんそうさい》　大川隆法《おおかわりゅうほう》

毛沢東の霊言　目次

第1章　毛沢東《もうたくとう》の霊言《れいげん》

二〇一八年十一月十五日　収録
幸福の科学　特別説法堂《せっぽうどう》にて

2

毛沢東の「建国の正義」を再判定　41

3

「アジアは中国のもの」という思想　50

第2章　毛沢東　追加霊言

著者校正・「まえがき」「あとがき」執筆《しっぴつ》後登場

二〇一八年十二月二十八日　収録

幸福の科学　特別説法堂にて

2　頑《かたく》なに脅《おど》しを続ける毛沢東　259

「霊言現象《れいげん》」とは、あの世の霊存在の言葉を語り下ろす現象のことをいう。これは高度な悟《さと》りを開いた者に特有のものであり、「霊媒現象《れいばい》」（トランス状態になって意識を失い、霊が一方的にしゃべる現象）とは異なる。外国人霊の霊言の場合には、霊言現象を行う者の言語中枢《ちゅうすう》から、必要な言葉を選び出し、日本語で語ることも可能である。

なお、「霊言」は、あくまでも霊人《れいじん》の意見であり、幸福の科学グループとしての見解と矛盾《むじゅん》する内容を含《ふく》む場合がある点、付記しておきたい。

第1章　毛沢東《もうたくとう》の霊言《れいげん》

二〇一八年十一月十五日　収録
幸福の科学 特別説法堂《せっぽうどう》にて

毛沢東《もうたくとう》（一八九三～一九七六）

中国の政治家。中国共産党の創立に参加し、日中戦争では抗日戦《こうにちせん》を指揮した。戦後は、蔣介石《しょうかいせき》の国民党軍を破り、共産党一党独裁の中華《ちゅうか》人民共和国を建国し、初代国家主席となる。大躍進《だいやくしん》政策や文化大革命などを推進したが、四、五千万人もの国民が犠牲《ぎせい》になったと言われている。

質問者　※質問順

綾織次郎《あやおりじろう》（幸福の科学常務理事　兼《けん》　総合誌編集局長　兼
「ザ・リバティ」編集長　兼　ＨＳＵ講師）

斎藤哲秀《さいとうてっしゅう》（幸福の科学編集系統括《とうかつ》担当専務理事　兼　ＨＳＵ未来創造学部
芸能・クリエーターコースソフト開発担当顧問《こもん》）

市川和博《いちかわかずひろ》（幸福の科学専務理事　兼　国際本部長）

［役職は収録時点のもの］

1　ウイグル問題の根源にいる毛沢東《もうたくとう》

「日露《にちろ》平和条約」を考える原点は中国にある

大川隆法　昨日《きのう》（二〇一八年十一月十四日）の夜、シンガポールでロシアのプーチン大統領と日本の安倍《あべ》首相が会い、「領土問題の解決と日露《にちろ》平和条約の締結《ていけつ》に関し、一九五六年の日ソ共同宣言に基《もと》づいて交渉《こうしょう》を加速させよう」という話をしました。それについて、マスコミ等から、いろいろと取り沙汰《ざた》されてはいます。

産経新聞は、安倍首相の任期を見ての話でしょうが、「平和条約が三年以内に締結される」と書いていますし、ほかの新聞には、「北方領土の四島一括返還《いっかつへんかん》が崩《くず》れたのだ」という見方や、「とりあえずは二島返還で手を打ち、平和条約を結んでから、残りの二島に関する交渉をやるのではないか」という見方などが出ています。

この動きに関し、日本のマスコミは、「慎重《しんちょう》に」と言っているようなところがあり、手放しで喜んでいる様子ではないように感じられます。世論《せろん》がどうなるか、まだ分かりません。

また、ロシアのほうでも、プーチン大統領は、領土を返すことで国内での支持率が落ちることを心配しています。

昨日のニュース番組はロシアの問題が中心だったため、一晩中ロシアのことが私の頭のなかを巡《めぐ》っていました。

昨日、私は、『日露平和条約がつくる新・世界秩序《ちつじょ》　プーチン大統領守護霊《しゅごれい》 緊急《きんきゅう》メッセージ』（幸福実現党刊）という本を発刊しています。

ただ、このロシア問題を考えるに当たっては、「中国の問題」についても考えなくてはなりません。この原点は中国のほうだからです。

『日露平和条約がつくる新・世界秩序　プーチン大統領守護霊 緊急メッセージ』（幸福実現党刊）

では、なぜ中国が問題なのでしょうか。

例えば、ウイグル弾圧《だんあつ》の問題があります。これについて、幸福の科学は、ある程度、研究してはいたのですが、最近、幸福実現党のほうに、ウイグル関係の亡命者の方々から、「応援《おうえん》を頼《たの》む」という感じの依頼《いらい》がかなり来ています。

彼らは自民党や安倍首相にもウイグルの状況《じょうきょう》を訴《うった》え、「何とかしてくれ」と言っているのですが、動いてくれないため、「幸福の科学に行って大川隆法総裁に頼む以外にない」ということで、こちらに来ているのです。

「窮鳥懐《きゅうちょうふところ》に入《い》れば（猟師《りょうし》も殺さず）」ということで、こちらとしても、「何かをしなくてはいけない」と思い、私の講演の内容にウイグル問題を入れたりしており、ドイツでの講演でも、それについて述べました。

ただ、現実問題としては、「それほど簡単なことではない」と思っています。

●ドイツでの講演……　2018年10月7日、ドイツ・ベルリンのホテル ザ・リッツ・カールトン ベルリンで、“Love《ラヴ》 for《フォー》 the《ザ》 Future《フューチャー》”と題して英語講演と質疑応答を行った。『Love for the Future』（幸福の科学出版刊）参照。

「中華《ちゅうか》人民共和国の成立」と同時に起きた「侵略《しんりゃく》国家としての発動」

大川隆法　毛沢東《もうたくとう》は、日中戦争の時代から抗日《こうにち》運動をずっとやっていましたが、一九四九年に、中華《ちゅうか》人民共和国という新しい国を建て、初代の国家主席になっています。

その一九四九年の立国、建国の年に、実は、ウイグルもチベットも内モンゴルも、全部、中国に占領《せんりょう》されています。つまり、「中華人民共和国の成立」と「侵略《しんりゃく》国家としての帝国《ていこく》主義的な発動」とは同時に起きているのです。

中華人民共和国の主な自治区

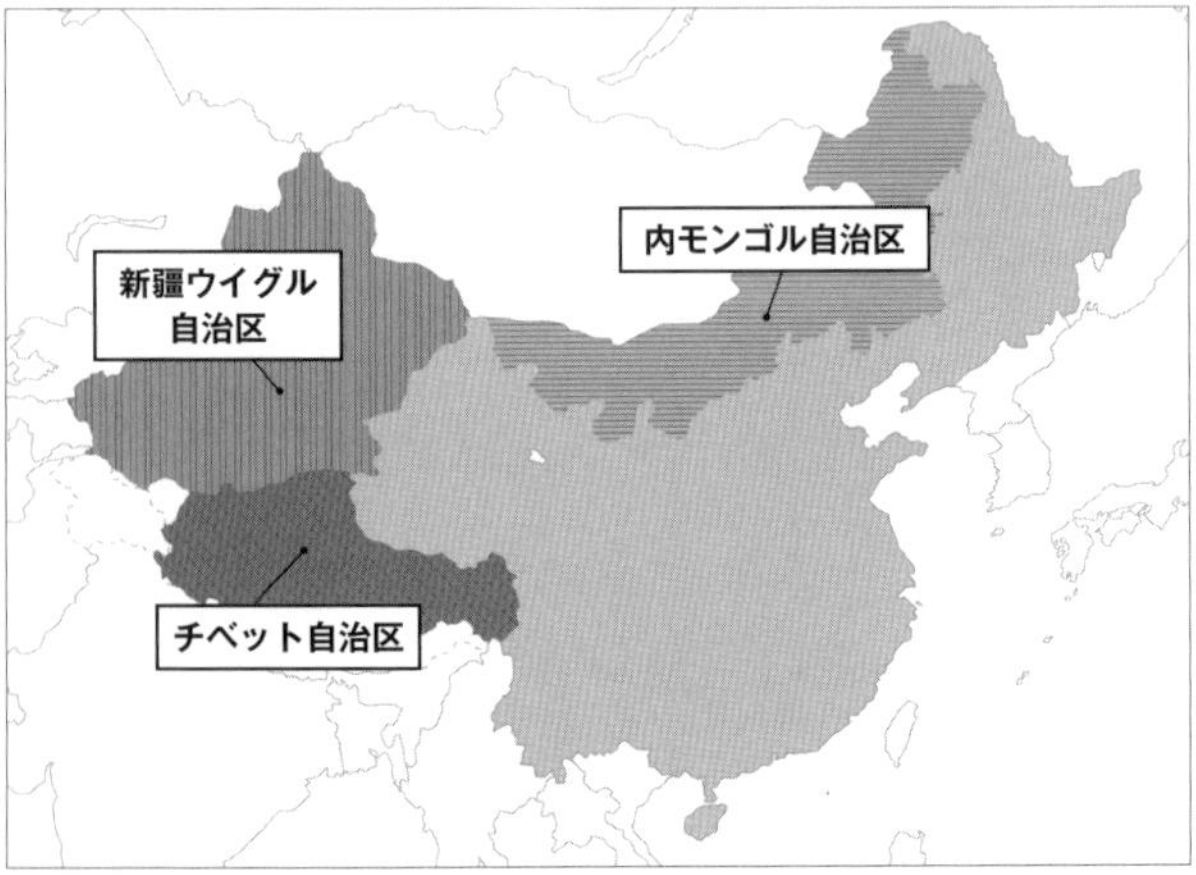

ただ、「この国を是《ぜ》とするか、非とするか」ということは、当時、敗戦後四年ぐらいの日本においては、おそらく、もはや言論として立つ余地もないレベルであったのではないかと思います。

その後、一九五〇年に南北朝鮮《ちょうせん》の戦いである「朝鮮戦争」が始まりましたが、それによって、「ソ連や中国が次の脅威《きょうい》であり、このままでは大変なことになる」ということが分かり、それに対応しなくてはならなくなりました。

朝鮮戦争が始まると、日本は、マッカーサーからも言われて警察予備隊や保安隊をつくり、だんだん自衛隊設立の準備を進めていきました（自衛隊は一九五四年に発足《ほっそく》）。

「自衛隊」という名称《めいしょう》は、今では使い慣れてはいますが、よく見たら、消防隊か自警団のような表現であり、軍隊にはそぐわない名前のまま、現在まで来ているのです。

朝鮮戦争の期間中だった一九五二年には、韓国《かんこく》から一方的に「李承晩《りしょうばん》ライン」

（海洋境界線）を引かれて、「竹島《たけしま》は韓国領土」と宣言されたりもしました。戦争も何もなく、いきなり「李承晩ライン」を引かれ、「竹島は韓国領土」と言われたのです。

そのとき、自衛隊は、正式なかたちでの発足がまだできていないレベルだったと思います。要するに、日本には軍隊がないので、ほかの国にとっては言葉一つで島を取れる状態だったのです。それでようやく、日本は慌《あわ》てて護《まも》りに入りました。

その後、キッシンジャー氏の〝●忍者《にんじゃ》外交〟等もあって、一九七二年にはアメリカのニクソン大統領が中国を訪問し、同年に「日中国交回復」がなされました。田中《たなか》角栄《かくえい》政権のころです。

そのころの中国はまだ経済的には小さかったので、日本は、「日本軍が中国で暴《あば》れ回った分のお返しもしなくてはいけない」と思い、中国に対して円借款《えんしゃっかん》等をし続け、中国のインフラ整備などにお金を出してきました。

ただ、中国国内では、そういうことが報道されることはなく、むしろ、「中国は

●**忍者外交**…… 当時、ニクソン大統領の補佐官だったキッシンジャーは、1971年、密かに訪中して周恩来《しゅうおんらい》首相と会談し、翌年のニクソン訪中を準備した。

かつて日本に悪さをされた」と言って国をまとめるような状態が続いていたと思うのです。

その感じは韓国にもつながっているものだと思います。

軍事的には今、「中国包囲網《ほういもう》」をつくる以外にない

大川隆法　去年（二〇一七年）あたりから、北朝鮮問題で頭がいっぱいになり、それで今年（二〇一八年）の前半まで来ましたが、六月十二日には米朝首脳会談があり、今は、とりあえず、北朝鮮が静かになっている状態なので、このまま進んでいくかどうかを見ているところではあります。

米朝会談が行われたのと同じシンガポールで、今度は、先ほど述べたように、プーチン大統領と安倍首相が会談し、「日露平和条約」について前向きに交渉しようとしているところです。

この背景には実は、幸福の科学も動いています。これまでに、プーチン大統領の

守護霊の霊言集《れいげんしゅう》をもう五冊も出しており、「（日露）平和条約」締結については、二年前（二〇一六年）にプーチン大統領の守護霊から提案されています。

今、ロシアはヨーロッパとの関係が悪くなっていますし、アメリカのほうでも、マスコミはトランプ大統領を「ロシア疑惑《ぎわく》」で攻《せ》めています。関税問題では日米関係も少し怪《あや》しいのですが、ウクライナにロシアが進攻《しんこう》したことに対するEUの制裁には日本も加わっていて、国際情勢は入り乱れている状況です。

そういうなかで、ロシアには国際的に孤立《こりつ》する可能性があるので、ロシアが日本に寄ってくる理由はあるだろうと思っています。

日本に関しては、「中国との海上での覇権《はけん》争いが南シナ海を中心にして起きるだろう」ということが予想されていて、このときにアメリカや中国との距離《きょり》の取り方をどうするかという問題があるのですが、安倍首相は、今のところ、「アメリカが日本に高い税率の関税をかけてくるなら、中国とも仲良くする」というようなふりを見せたりしているので、どうなるか分からないような状況です。

●**プーチン大統領の守護霊の霊言集**……『ロシア・プーチン新大統領と帝国の未来』『日露平和条約がつくる新・世界秩序　プーチン大統領守護霊 緊急メッセージ』（共に幸福実現党刊）、『プーチン大統領の新・守護霊メッセージ』『プーチン 日本の政治を叱《しか》る』『ロシアの本音　プーチン大統領守護霊 vs. 大川裕太《ゆうた》』（いずれも幸福の科学出版刊）。

私は、「次に中国との衝突《しょうとつ》が起こる」と見て、「中国包囲網《ほういもう》をつくるべきだ」と言い続けています。「そのためには、アメリカと仲良くしなければいけないし、インドとも仲良くしなくてはいけない。また、ＥＵが中国とあまりにも接近することに対しては、一定のブロックをかけなければいけない」と思っていますし、「ロシアとも、できれば関係を修復しておき、中国を囲んでおいたほうがよい」と言って、〝包囲殲滅《せんめつ》戦型〟の提案をしています。

「軍事的には、今、これ以外にはありえない」と思っています。「今の日本における、憲法改正もろくに進まない状況のなかで、核《かく》兵器を持った国との覇権戦争が起きたら、大変なことになる」ということが分かっているので、「ほかに方法はない」と思っているのです。

中国と中央アジアの国々、どちらに正義があるのか

大川隆法　中国に関しては、先ほど述べた「ウイグル問題」等もあります。

チベットでは、亡命したダライ・ラマ十四世が年を取っていますが、彼が亡《な》くなった場合、「ダライ・ラマの生まれ変わりを探して見つける」という、昔ながらのかたちでの後継者《こうけいしゃ》選びは、もうできない可能性が高くなったので、彼は、「〝バチカン方式〟でいいので、民主主義的に選挙で後継者を選んでもらってもよい」とも言い始めています。

ただ、ダライ・ラマ十四世が亡くなったあたりで、チベット問題は、「もう、ないもの」として片付けられる可能性もあると思います。

また、ウイグルのほうも、中国に占領されてから七十年近くになったため、北方領土と同じく、「もう動かないのかどうか」という問題になってきつつあります。まだ現役《げんえき》で生きている関係者の方もいるのですが、国外で活動している勢力が小さく、世論やマスコミに訴えかけるぐらいしか方法はない状況ですし、ウイグルは内陸部なので、これを解放するのは簡単なことではありません。

それを外国がやるのなら、「軍隊を派遣《はけん》して戦い、占領する」というようなことになりますが、そのリスクを取ってまでやるところが、今、どこにあるでしょうか。アメリカにしても、「ウイグルまで攻め込《こ》んで独立させるだけの大義名分《たいぎめいぶん》が立つか」というと、貿易額では中国が最大の相手国なのでしょうから、それほど簡単ではないと思います。

日本にしても、先の戦争では中国の内陸部まで進攻したので、「また入って、独立を助ける」というのは簡単なことではないと思われます。

ただ、ウイグルでは、今の習近平《しゅうきんぺい》国家主席の時代に、だんだん洗脳が進んでいて、言語や宗教がかなり奪《うば》われています。百万人ぐらいが強制収容所的な訓練所に入れられていますし、それ以外にも、どうやら百万人以上の人が、通学形式で共産党一党独裁型の政治・経済や教育の洗脳を受けているらしいのです。

そして、国外で活躍《かつやく》し、独立運動を支援している人たちに対しては、その家族や親族等を痛めつけたりして、「これでもか」という感じでやっています。これは、古い中国の歴史書を読むとよく出てくる手なので、「相変わらず、やっているな」

と思えるのです。

「これをどう見るか」が問題です。

中国史だけを見ても、春秋戦国《しゅんじゅう》時代や項羽《こうう》と劉邦《りゅうほう》の時代、『三国志』の時代その他において、戦いはたくさんあり、「戦争に勝って国を奪う」というのは当たり前に起きてきたことなので、中華思想的に見れば、これは当然のことかもしれません。

あるいは、秦《しん》の始皇帝《しこうてい》時代のものですが、万里《ばんり》の長城《ちょうじょう》のことを考えれば、ああいうバカげた巨大なものができたのは、外部から中国内陸部への進攻がけっこうあったからであり、「ああいうものまでつくらなくてはいけないほど、外部が脅威だった」という考え方もあるでしょう。

今、中国に虐《しいた》げられて、「独立したい」と言っているチベットやウイグル、あるいは、その近辺の中央アジアの国々が、過去に漢民族を苦しめていたこともあるでしょうから、巨大なカルマ（業《ごう》）的なものから見ると、何が正しいのか分からない面も一部、あることはあります。

　昔、漢民族をずいぶん苦しめた突厥《とっけつ》などについては、「ウイグル辺《へん》から来ていたのではないか」とも考えられます。ウイグルについて私たちが知っているものを言うと、『敦煌《とんこう》』という歴史小説（井上靖《いのうえやすし》の長編小説）にウイグルが出てきます。敦煌はシルクロードにあり、お坊《ぼう》さんが仏法を求めて中国からインドへ行くときに通る町ですが、ウイグルのすぐ近くで、ウイグル人も多くいました。

　そういう歴史もあるので、「正義はどちらにあるか」ということを、今、考えているところです。

中国の建国者・毛沢東は善か悪か、考え直す必要がある

大川隆法　私が『太陽の法』や『黄金の法』（共に幸福の科学出版刊）という基本書を執筆《しっぴつ》した一九八六年は、まだ東西冷戦の時代というか、ソ連邦《れんぽう》を中心とする共産主義圏《けん》が東ヨーロッパにありましたし、中国も、ソ連と仲は悪かったけれども、いちおう共産主義圏ではありました。

一方、自由主義圏のほうの西ヨーロッパとアメリカ、日本などは西側陣営《じんえい》であり、共産圏の国々と対立していました。

当時は、ソ連崩壊《ほうかい》の五年ぐらい前で、日本はバブル期の中間地点ぐらいのところにいました。そのころに幸福の科学は立宗《りっしゅう》しているので、私の頭に入っていたのもそういう構図であり、中国をそれほど責める気はなかったというか、一般的《いっぱん》には、「東西が対立していて、どちらが正しいのかが分からない」という状況ではありました。

さらに、言論人やマスコミ人、学者等には、どちらかというと、共産主義圏のほうに好意的な人のほうが圧倒的《あっとう》に多く、右寄りというか、保守の言論人は、「片手で数えられる」と言われるぐらいしかいなかったのです。その人たちも今では亡くなりつつあり、残りは少ししかいなくて、一人か二人ぐらいしかいないと思うのですが、そのような時代に当会は旗揚《はたあ》げをしたのです。

『黄金の法』（前掲《ぜんけい》）のなかで、私の毛沢東に関する過去世分析《かこぜぶんせき》、霊界分析《れいかい》として

●五次元善人界　幸福の科学の「空間論」としては、霊天上界《れいてんじょうかい》は多次元構造となっており、地球系では九次元宇宙界以下、八次元如来《にょらい》界、七次元菩薩《ぼさつ》界、六次元光明《こうみょう》界、五次元善人界、四次元幽界、三次元地上界がある。このうち五次元の世界は、精神性に目覚め、悪を捨て、善を選び取った人々、善人の世界とされる。『太陽の法』『永遠の法』（共に幸福の科学出版刊）等参照。

は、「毛沢東には問題が多かったし、共産主義の問題もあるけれども、『抗日で戦い、建国した』という功績で国民から尊敬されている点を見れば、彼は英雄《えいゆう》ということで、おそらく、五次元善人界ぐらいには還《かえ》っているのではないか」という認定をしていたと思います。

また、八年ほど前（二〇一〇年）、『マルクス・毛沢東のスピリチュアル・メッセージ』（幸福の科学出版刊）を収録したときでも、マルクスが地獄《じごく》にいることははっきりしたものの、毛沢東については、まだ、「五次元ぐらいにいるのかな」と感じていました。

そのあと、資本主義化によって中国の経済を立て直した鄧小平《とうしょうへい》の霊言を収録しました。

私は、「鄧小平は天国に還っているのではないか」と思っていたのですが、地獄

『マルクス・毛沢東のスピリチュアル・メッセージ』（幸福の科学出版刊）

●鄧小平の霊言……　『アダム・スミス霊言による「新・国富論」―同時収録　鄧小平の霊言　改革開放の真実―』（幸福の科学出版刊）参照。

に堕《お》ちていたので、「えっ、こんなはずは……。なぜ？」と、不思議に思ったのです。

彼が地獄に堕ちた理由を挙げるとしたら、次のようなことでしょう。

共産主義のままなら、中国は〝ジリ貧〟になってソ連と一緒《いっしょ》に崩壊していたはずなのに、鄧小平が、「金儲《かねもう》けだけは自由にするが、政治的には自由にさせない」というかたちで、ソ連の二の舞《まい》にならないようにうまく舵取《かじと》りをし、「天安門《てんあんもん》事件」も乗り越《こ》えたため、中国の体制は崩れずに、そのまま続いています。

これが「悪」と判定されたがゆえに鄧小平が地獄にいるのなら、筋《すじ》は通ります。

ただ、そうであるならば、「共産党一党独裁の、この共産主義国は、人口が十四億もの大国にはなったけれども、『この国の建国者である毛沢東は、善か悪か』という問題については、もう一度、考え直す必要があるのではないか」ということを強く感じたのです。

常任理事国・中国国内の独立運動をどう見るべきか

大川隆法　もし毛沢東が「善」であるならば、中華人民共和国という大国が立ったための大義はあるでしょう。

中国には、先の戦争中、おそらく、四億人か五億人ぐらいしか人口がいなかったと思うのですが、今では十四億人にもなり、十億人も増えました。また、経済的にも躍進して世界第二の経済大国になり、日本も抜《ぬ》かれてしまいました。

これが「中国的に見れば正義だ」ということなのであれば、国の領土を大きくするために、モンゴルやチベット、ウイグル等を、電光石火《でんこうせっか》の攻撃《こうげき》などで、建国と同時に一気に取ってしまったことは、軍事的にほめ称《たた》えられるべきことなのかもしれません。

亡命者などが中国による支配に反対し、独立運動などをしていますが、これは「負け犬の遠吠《とおぼ》え」にしかすぎず、「国を取られたのだから諦《あきら》めよ」と言うべきなのでしょうか。「七十年もたったから、もう、言ってもしかたがない」という段階のものなのでしょうか。

これを検討できるとしたら、今は限界ギリギリのところかと思います。

もしかしたら、「中華人民共和国ができて、それにウイグルなどが吸い込まれたことは善であったのだ。昔から、万里の長城を築いてまでして防ぎたかった相手、中国に対して悪さをたくさんしていた国々が、二、三千年ぶりに成敗《せいばい》されたのだ。そして、中国に統一され、漢民族に教化されてレベルアップしたら、彼らにとっても幸福なのだ」という価値観が正しいのかもしれません。

今のウイグルは、人口が三千万あるかどうか分からないぐらいであり、「もっと少なくて、一千万人か二千万人になっている」という説もあります。

このくらいの人口だと、百万人や二百万人の単位で、ユダヤ人に対するゲットー政策のようなことを行い、収容所に閉《と》じ込めて洗脳し続けるなら、滅《ほろ》ぼせないこともありません。

実際、新疆《しんきょう》ウイグル自治区には漢民族も入り込んでいて、住民の半分ぐらいはもう漢民族なので、ウイグル人を民族ごと粛清《しゅくせい》する「血の粛清」を行う可能性もないとは言えないのです。

中国は、今まで、ウイグルの強制収容所に関し、「一切《いっさい》、そういうものはない」と言い続けていました。

ところが、私がドイツの講演会で中国を批判して帰ってきたあと、「中国が、『実は、そういう教育所をつくり、そのくらいの人数に再教育をしている。中国語教育をし、共産主義の教育もしている』ということを認めた」という記事が新聞等に出たのです。最近の動きとして、そういうこともありました。

また、ウイグルの亡命者たちの中心人物で、アメリカにいた……。

綾織　ラビア・カーディル（世界ウイグル会議議長）さんですね。

大川隆法　彼女は、東京に本部（事務局）を置いて、活動を活発にしようとしています。「日本を頼《たよ》りにしよう」としているようなところもあるのです。それは今年の十月ぐらいのことであり、つい最近の動きです。

これについて、当会もさらに踏《ふ》み込んでいくかどうか、考えなくてはいけないところなのですが、「とにかく、併合《へいごう》されて、おとなしくなり、平和になったら、それでよいのではないか」という考え方もあるわけです。

日本のマスコミが中国について、長年、悪く言わなかったのは、「日中国交回復」以降も、「記者交換協定《こうかんきょうてい》」のようなものによって、「中国に駐在《ちゅうざい》する、テレビなり新聞なりの記者は、中国の悪口を言ったり書いたりしてはならない」とされており、それに反すると中国から追い出され、取材できなくなるからです。産経新聞の記者は、そういう目に遭《あ》ったこともあるでしょう。

それから、ＮＨＫは、中国政府と一体になり、北京《ペキン》でホテルを運営していました。中国ではホテルのことを「飯店《はんてん》」などと言いますが、ホテルを共同で運営し、そのなかにスタジオのようなものも持っていたりしたのです。

それに対する非難がかなり高まり、「さすがにまずい」ということになって、NHKはそこから出たのではないかと思いますが、中国寄りであることへの批判をずいぶん受けてはいたと思います。

そういうことで、（中国の国内問題に関して）日本のマスコミは、全部、信用ならない状況になっているなかでも、ウイグル等のいろいろな問題は出てきつつあります。

ただ、チベットの問題についても、解決がつかないままに終わっていくような感じがします。要するに、ダライ・ラマ十四世は、インドに逃《に》げ、亡命政府のまま、世界各国で中国批判の運動を続けているけれども、あちこちで、中国政府からの〝いじめ〟を受けています。また、ウイグルの人も、「テロの犯人扱《あつか》い」をされたりして、追われたりもしていました。

このようなことが、今の時代に許されるのかということです。

要するに、戦後の体制として、戦勝国とされた五カ国（米・中・露〔旧ソ連〕・英・仏）が国連の「常任理事国」になったわけですが、この五カ国は〝錦《にしき》の御旗《みはた》〟を持っているために、他の国はこれに反対するようなことは一切できないのか、それ以外の正義というのは成り立たないのか。このような問題もあるかと思います。

2　毛沢東の「建国の正義」を再判定

「五千万人も殺した指導者が、天国に還《かえ》っていていいのか」という疑問

大川隆法　また、一宗教としての限度を超《こ》えている問題かもしれませんが、先の大戦では、はっきりした数字は分かりませんが、中国でも二千万人ぐらいは死んだのではないかという説もあります。

ただ、戦後、毛沢東の建国支配下で亡《な》くなった方、例えば、「大躍進《だいやくしん》政策」で経済が失敗し、栄養失調その他で亡くなった方、および「文化大革命」で亡くなった方等を含《ふく》めると、中国側が認めている数でも、四千万人から五千万人はいます。つまり、毛沢東が長生きしたために死んだ人、あるいは殺された人は、最低でも四、五千万人はいるということです。これは、中国側が発表している数字なので、現実

数千万人が犠牲となった
「大躍進政策」と「文化大革命」

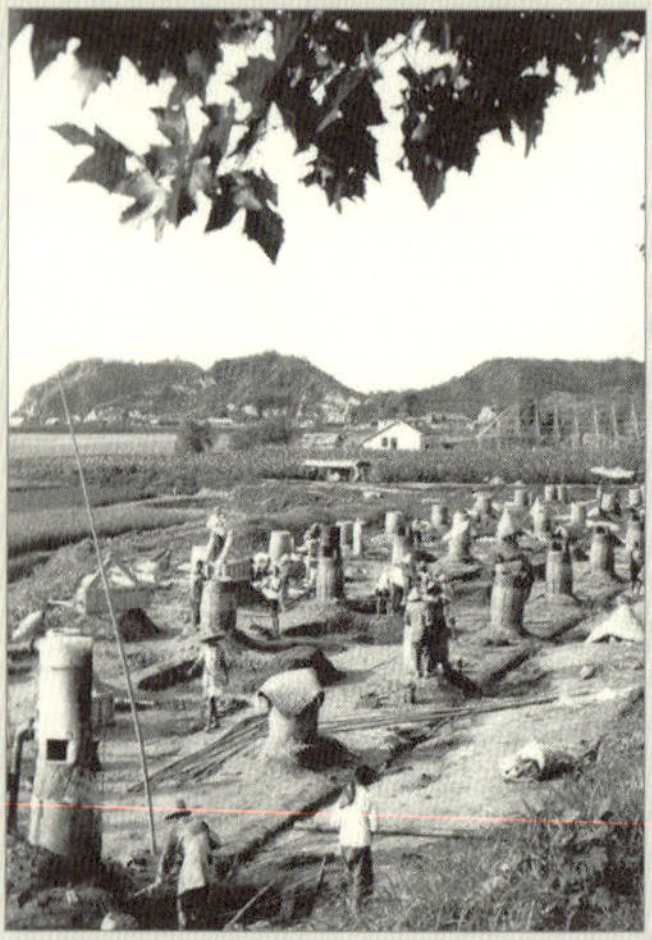

「大躍進政策」は、1958 年から 61 年までの間に毛沢東が主導した、農業と工業の大増産を目指した政策。
鉄鋼などの主要生産高で、当時世界第 2 位だったイギリスに「15 年以内で追いつく」と宣言し、全国民を扇動《せんどう》して増産運動を展開するも、非科学的な農業改革や原始的な製鉄技術、無謀《むぼう》なノルマなどによって、むしろ生産性は大幅に低下。
農村の荒廃などにより大飢饉《だいききん》となり、数千万人の餓死者《がししゃ》が出た。
(左) 農村につくられた手製の製鉄炉 (土法《どほう》高炉《こうろ》)。生産された鉄の大半は粗悪品《そあくひん》で使いものにならず、資源の無駄遣いとなった。

「文化大革命」は、1960 年代後半からの約 10 年間に、毛沢東が主導した政治闘争。資本主義寄りと見なされた政治家や知識人などが数多く粛清《しゅくせい》されるとともに、宗教が否定され、文化財が破壊された。「紅衛兵《こうえいへい》」といわれる学生・青年たちの政治組織が、その運動の中心的な担い手となった。犠牲者は、近年の中国国外の研究では 1000 万～ 2000 万人とも言われる。
写真は、天安門《てんあんもん》広場で開かれた「文化大革命勝利祝賀の 100 万人集会」に出席した毛沢東 (右) と紅衛兵 (左) (1966 年 8 月 18 日)。

にはもっと多い可能性はあります。

毛沢東の経済政策が下手《へた》だったこともありますが、それ以外にも、政敵などを葬《ほうむ》っていったこともあると思います。やはり、「建国して五千万人も殺した指導者が、本当に天国に還《かえ》っていていいのか」という疑問は残ります。

もし、これと、「ウイグルなどが弾圧《だんあつ》を受けているのを助けてくれ」という問題が呼応しているとすれば、やはり、中国は考え方を改める必要があるのではないかと思います。

最近、「毛沢東のところを、もう一回、調べ直せ」という声が、天上界《てんじょうかい》からも聞こえてき始めてはいます。プーチン大統領の守護霊《しゅごれい》も、最近、そんなことを言っていました。

今の習近平《しゅうきんぺい》国家主席も、おそらくは、毛沢東を一つの手本とし、毛沢東を抜《ぬ》くことを目指していると思われます。それから、もう少し前の人では、明《みん》を立てた●朱元璋《しゅげんしょう》を、たぶん、まねたいと思っているようですし、それより前の人であれば、やは

●朱元璋（1328 ～ 1398）　中国、明《みん》の初代皇帝。在位 1368 年～ 1398 年。貧しい農家の生まれであったが、白蓮教徒《びゃくれんきょうと》が中心となって起こした紅巾《こうきん》の乱において紅巾軍に参加し身を立てた。後に、元《げん》を退《しりぞ》け、全国を統一し、1368 年に明を建国した。

り、秦《しん》の始皇帝《しこうてい》あたりを一つの手本にしていると思います。

さらに、それ以前の、商鞅《しょうおう》とか、韓非《かんぴ》とか、そういう「法家《ほうか》思想」の人たちも、アイデア的には一つのモデルとして持っているらしいということが、思想的には見えています。

このあたりを、もう一段、洗ってみたいと思っています。

戦争で取った(取られた)領土をどう考えるべきか

大川隆法　まあ、言葉巧《たく》みにはぐらかされて分からないかもしれませんが、この部分は、「何が正義か」をめぐる考え方のところです。

毛沢東の行《おこな》ったことが、「建国の正義」としてすべてを許すものであるならば、すでに取られて七十年にもなるものを取り返すのは、そんなに簡単なことではないでしょう。「中国の人権弾圧について意見は言えても、国を取り戻《もど》すまで行くのは無理だ」という考え方もありうるだろうとは思うのです。

●商鞅(前390〜同338)　中国戦国時代の法家思想家。秦《しん》の孝公《こうこう》に仕え、「変法《へんぽう》」による国政改革で、後の始皇帝による天下統一の基礎を築いたが、強圧的に改革を進めて反感を買い、孝公の死後、車裂きにされた。

あるいは、アメリカだって、イギリスから逃《のが》れてきたプロテスタントの人たちが、いちおう支配権を持っていたと思われるインディアンから取って建てた国です。その過程では、フランスと取り合いもしています。

ですから、「インディアンから取ってもいいなら、ほかのところからも取っていいではないか」という考えも成り立つかもしれません。

さらには、イギリスも、大英帝国時代にインドを取って、百五十年ぐらい植民地にしていました。

もし先の大戦で日本が戦わなければ、ヨーロッパの国はどこも植民地を手放さなかったに違《ちが》いないことは分かっています。

今は、世界からほとんど植民地はなくなってはいますが、それでも、例えば、アメリカの場合、フィリピンはもう植民地ではなくなっていますが、ハワイやグアムなどはまだ植民地として持っています。

そのように、戦争で取ったものについては、もう、「その国のもの」として認め

●韓非（前280頃〜同233）　中国戦国時代の法家を代表する思想家。韓《かん》の使者として秦に赴《おもむ》くが、同学の李斯《りし》の讒言《ざんげん》により投獄され、獄中で自殺した。主著『韓非子《かんぴし》』。

ざるをえないのかどうか、このへんの問題があります。

これは、日本でも、北方四島について、「二島は還《かえ》るかもしれないけれども、大きいほうの二島は還らないかもしれない」ということで、今、しのぎを削《けず》っているところです。

このあたりについての勉強を、もう少し進めたいと思っています。

左翼《さよく》系の強い言論に影響《えいきょう》を受けていた一九七〇年代

大川隆法　私の若いころには、左翼《さよく》のほうが言論的に強く、学者も左翼が強くて、私もそういうものを読んでいたため、もともとは、比較《ひかく》的に保守の側の考えを持ってはいたものの、影響《えいきょう》は受けていると思うのです。
実際、一九七六年九月九日に毛沢東が亡くなったときには、新聞や雑誌で「巨星《きょせい》墜《お》つ」という大きな見出しを見て、「ああ、偉《えら》い人が亡くなったんだな」と思って、評伝などをたくさん読みました。本としては、エドガー・スノーが『中国の赤い星』（筑摩書房《ちくましょぼう》）という大著の毛沢東伝を書いていて、そういうものも、当時は読んだ覚えがあります。

だいたい、毛沢東に親近感を寄せるような伝記ものが多かったですし、岩波の雑誌「世界」などもけっこう強かったのですが、岩波系の本には毛沢東をほめ称《たた》えるような傾向《けいこう》のものが多かったのです。

私も学生時代あたりは、そういうものにだいぶ染まっていたところがありました。ただ、スノーの『中国の赤い星』は、実は、そうとう偏《かたよ》った、間違った資料に基《もと》づく伝記であるらしいことが分かってきて、その後、毛沢東の「悪事の部分」が数多く暴《あば》かれたものも、チョロチョロと出てきてはいます。ただ、中国政府は公式には、まだ「建国の父」を守っている状況《じょうきょう》にあると思います。

「正義とは何か」を考える材料を得たい

大川隆法　以上、若い人たちは、毛沢東について知らないことも多いでしょうから、いちおう基礎《きそ》知識として述べました。

今日は、私自身がいったん、「五次元にいるだろう」と判定した毛沢東が、本当は「地獄《じごく》」へ行っていないかどうか、ここを攻《せ》めてみたいと思います。それで、向こうに逃《に》げ切られた場合には、例えば、ウイグルその他に対する協力についても、加減の問題は生じてくるだろうと思うのです。

つまり、人を殺したり、言語や宗教を取り上げたりするところまで行くのは、人権弾圧が行きすぎるとは思いますが、内部で蜂起《ほうき》し、テロなどを行い、独立までするることが、日本の明治維新《いしん》のように肯定《こうてい》されるかどうかは、微妙《びみょう》で分からないところがあります。

そうした意味で、「正義とは何か」について、少し考える材料をもらえたらよいと思います。

毛沢東を一方的に糾弾《きゅうだん》するつもりはありませんが、質疑応答をしている間に見えてくるものはあるのではないかと思います。

前置きは、そんなところです。

それでは、中国共産党のリーダーにして、中華《ちゅうか》人民共和国の建国の父である毛沢東を、幸福の科学にお呼びいたしまして、霊界《れいかい》での生活や考え方、あるいは最近の中国のいろいろな一連の動きについて、どういうふうにお考えになっているのかを伺《うかが》いたいと思います。（霊言《れいげん》は）八年ぶりになります。

毛沢東の霊よ。

中国初代国家主席・毛沢東の霊よ。

どうか幸福の科学に降りたまいて、その本心のところを明かしたまえ。

毛沢東の霊よ。

毛沢東の霊よ。

（約十五秒間の沈黙《ちんもく》）

3　「アジアは中国のもの」という思想

日本の〝民主党革命〟の失敗を嘆《なげ》く毛沢東

毛沢東　う、うーん。

綾織　こんにちは。

毛沢東　うーん。何を、今さら言うことがあるかね？

綾織　今日は、八年ぶりに日本にお出《い》でいただいたことになります。

●八年ぶりに……　『マルクス・毛沢東のスピリチュアル・メッセージ』（前掲）参照。

毛沢東　うーん。

綾織　この間《かん》、中国も大きく変化しました。また、日本においても、それを受けて、考えなければいけないことがたくさん出てきました。

毛沢東　うーん。そうだ。

綾織　そのなかで、「建国の父」として、今も中国のなかで非常に尊敬されていらっしゃるあなた様、まあ、「毛沢東主席」と呼ばせていただきますけれども、毛沢東主席より、ぜひ、さまざまな観点から、ご意見をお伺《うかが》いしたいなと思っています。

特に、この八年間、どのようにお過ごしになっていましたか。

毛沢東　日本は革命に失敗したなあ。

綾織　革命ですか。

毛沢東　おお。〝民主党革命〟が起きるときだったねえ。

綾織　〝民主党革命〟、なるほど。

毛沢東　中国も梃入《てこい》れをしておったしね。日本の国会議員らが何百人単位で中国に〝詣《もう》で〟をするという、まさしく理想的な……。なあ?

綾織　はい、当時、小沢《おざわ》（一郎《いちろう》）さんが訪中団《ほうちゅうだん》を組まれました。

毛沢東　歴史的・理想的な、中国人民がテレビを観《み》たら泣いて喜ぶような理想像

●**日本の国会議員らが……**　2009年12月10日、当時、民主党幹事長であった小沢一郎氏を名誉団長とし、民主党議員と一般参加者約600名で中国を訪問した（小沢訪中団）。

が現れたのに、なんで三年ぐらいで、もろくも、あの革命が成就《じょうじゅ》しなかったのか。（中国の）国家主席や首相たちも応援《おうえん》しておったのに。

綾織　なるほど。

毛沢東　なんで、もろくも、あの鳩山《はとやま》（由紀夫《ゆきお》内閣）の七十パーセントもあった人気（支持率）が崩《くず》れ落ちて、三年ぐらいで安倍《あべ》（晋三《しんぞう》）の〝ファシスト〟が出てきて……。

綾織　ファシストですか。

毛沢東　あと、また、日本の軍国主義化を進めるという。

綾織　軍国主義ですか。

毛沢東　なんで、こんな危険な国に変わっていったのか。日本の平和主義者たちは、本当に私を〝神〟として崇《あが》めているであろう、と。

綾織　うーん。なるほど。毛沢東主席は民主党政権を応援されていて、今の安倍政権については、いろいろとおっしゃりたいことがあるわけですね？

毛沢東　そうだ。もう、日本は、中国の属国になる寸前で……。

綾織　属国になるところでした。

毛沢東　いやあ、戦って……。まあ、「革命は銃口《じゅうこう》から生まれる」っていうことは言ってはおるけど、「銃弾《じゅうだん》一発も発射しないで（国を）取れる」っていうのは最高の勝ち方だからねえ、何と言っても。

綾織　なるほど、なるほど。

毛沢東　「孫子《そんし》の兵法」でも一番。

綾織　「戦わずして勝つ」というのを実現できるところだった、と？

毛沢東　うん。日本を取れる。
だから、日本の総理大臣が替《か》わるときに、必ず〝北京《ペキン》詣で〟をして、（中国の）「日本国国王を命ずる」みたいな承認を得て、昔のようにやれば、かつての中華《ちゅうか》思想が世界を支配するようになったんだ。

民主党の雰囲気《ふんいき》が出てきた安倍《あべ》首相をどう見る

綾織　ただ、安倍《あべ》政権、安倍首相としても、最近、訪中して、「中国と経済的にガッチリとやっていきたい」ということを表明しているので、若干《じゃっかん》、かつての民主党っぽい雰囲気《ふんいき》が出てきているところはあります。

毛沢東　いやあ。「お金を持ってきて、日本に落とせ」と言ってるだけだろう？ ほかはないでしょう。

綾織　確かに、そうですね。

毛沢東　あとは、「工場で安い賃金で働け」と言っとるだけでしょう？ 安倍のほうはな。

綾織　うーん。なるほど。（中国を）利用していると？

毛沢東　それ以外ないだろう？「安い賃金でつくって、あとは、お金を落としに銀座《ぎんざ》や秋葉原《あきはばら》に買いに来い」と。こういうことだろ？「カジノもつくるから、中国人の〝にわか成金《なりきん》〟の金を吸い上げてやる」と。こういうことだろう？

綾織　なるほど。

毛沢東　ほかは何も考えてない。

綾織　「民主党政権とは違《ちが》う」という認識ですね。

毛沢東　全然、違うわな。
「日本が中国の属国になれば、アジアは〝平和の海〟になる」
毛沢東　民主党政権は、「日本」っていう国を倒《たお》そうとしてたからね。やっぱり、あれは革命だよ。惜《お》しかった。
綾織　あっ、日本の国を倒す？
毛沢東　ああ。
綾織　なるほど。
毛沢東　日本の国さえ倒せば、アジアが〝平和の海〟になって、四海同胞《しかいどうほう》、みんな平和になる。

綾織　うーん……。まあ、そこが、やはり、「幸福実現党が立ち上がった大きな理由」だと思います。

毛沢東　いや、間違い。（それが）〝間違った〟理由だよ。〝間違った〟理由だから。それ（民主党政権）で、日本という国が滅《ほろ》びていたら、（米中の）覇権《はけん》戦争なんか起きやしなかったのよ。

綾織　なるほど。何事もなく済んだ、と？

毛沢東　だから、今、第三次戦争（第三次世界大戦）だ何だと言ってるけど、君たちは、それを煽《あお》ってるだけで、アジアは中国のものですから。日本が中国のものになったら、ほかの国は、どこが対抗《たいこう》するんですか。ねえ?
アメリカなんか、地球の裏側から来る必要なんか何もない。日本は被害《ひがい》国だよ。
「アメリカに攻《せ》められて、原爆《げんばく》を二個も落とされた。だから、もう、アメリカの属国から離《はな》れて、中国の属国に戻《もど》る」と。昔ながらのスタイルに戻れば、それで済む。

綾織　なるほど。「そこまで行くところだった。もう少しだった」というわけですね?

毛沢東　もうちょっとだった。惜しかったね。

綾織　それは、毛主席にとっては〝非常に残念なこと〟なのですけれども。

毛沢東　残念だな。

4　それは「統一」か、「侵略《しんりゃく》」か

イスラエルや首都エルサレムを承認したアメリカを非難する

綾織　今、さらに、その流れが、アメリカを中心に変わってきています。特に、アメリカが今、中国について指摘《してき》をしているのが、「宗教弾圧《だんあつ》の問題」です。

ウイグルの問題については、今までは、アメリカもほとんど指摘してこなかったのですが、「いわゆる強制収容所はおかしい」という指摘がありました。もちろん、チベット、ウイグル、内モンゴル、それぞれに問題があるわけですが、こうした地域についての問題を指摘するようになっています。

そこで、「これらの地域について、建国の時代に遡《さかのぼ》って、どのように考えていくべきなのか」という点に関しまして、ぜひ、私たちも、主席のお考えをお伺《うかが》いしたいなと思いまして、本日、このような機会を持たせていただきました。

毛沢東　中国というのはねえ、分裂《ぶんれつ》して覇《は》を競《きそ》う国内戦争、戦国時代は長かったわけよ。「戦国（時代）があっては、統一しようとする者が現れ、統一した者は英雄《えいゆう》」というかたちでね。これが、ずっと続いてきているので。

だから、何はともあれね、とりあえず、「統一国家をつくった」っていうことは、すごいことですよ。

綾織　いちおう、そう認められているんですね。

毛沢東　それから、秦《しん》の始皇帝《しこうてい》よりも長い年数もっているわけですから、これもすごいことではあるわけですよ。統一は夢なんですよ。

綾織　うーん……。まあ、「その統一の下《もと》で、中国のなかに入っている国民が、どういう状態にあるのか」ということも、やはり重要だと思います。

毛沢東　だけどね、「イスラム教徒を弾圧している」なんて、トランプさんに言われる筋合《すじあ》いはないわねえ。自分らは、娘《むすめ》がユダヤ教徒と結婚《けっこん》したのかもしらんが、自分はユダヤ教徒でもないのに、イスラエルのエルサレムを首都にしてさあ。

そして、案《あん》の定《じょう》ねえ、（イスラエルは）ガザだかで、ハマスと戦争を、またやったりしとるじゃない。予想された事態だ。だろう？

これで、核《かく》武装したイスラエル空軍が、あのへんの中東のイスラム諸国を全部、制圧できる体制をつくってるんだろう。いや、だから、なかなか、そっちもひどいんじゃないの？

綾織　それは、「武装勢力との対立」、あるいは、「国同士の戦争」の問題であって、

「自国の国民を何十万人、何百万人と強制収容所に入れたり、虐殺《ぎゃくさつ》したりする」というのとは、また違《ちが》う問題ですよね。

毛沢東　そうかねえ。千九百年も国がなかった〝国〟にだね、英米とかが中心になって、他人《たにん》が住んでるところに、「イスラエル」っていう国を建国してさあ。

綾織　ああ、イスラエルの話ですね。

毛沢東　一年前かなあ、うち（中華《ちゅうか》人民共和国）の建国（一九四九年）の。そのときに（イスラエルを）建国させて、それで、（パレスチナを）排除《はいじょ》して、パレスチナのほうは国家ができてないんだからさあ。これは不公平だよな。おかしい。他人《ひと》に入ってこられて、家のなかに住まれて、「これは俺《おれ》のマンションだ」って言われてる状態だから。

「弱い者は、滅《ほろ》ぼされてもしかたがない」

綾織　イスラエルはイスラエルの問題としてあるとは思いますけれども、やはり、中国が建国時代にやったことも問題だと思います。

「独立したい」という、ウイグル、チベット、内モンゴルの国民がいて、それぞれの国があったにもかかわらず、そこに中国の人民解放軍が入っていって、勝手に「中国のなかに入れ」と言って、現在のような体制にしたわけですからね。

毛沢東　まあ、しょうがないよ。「弱い」っていうことは、そういうことなんだよ。「弱い」ということは「罪」なんだよ。「弱い」ということは「食べられる」ということなんだよ。昆虫《こんちゅう》の世界だろうが、動物の世界だろうが、「弱い」っていうことは「食べられる」っていうことだよ。

食べられたくなければ、よく逃《に》げるか、よく隠《かく》れるか、保護色を使うか、何か護《まも》るべきものを持っていなければ、あるいは、戦って勝つだけの牙《きば》なり爪《つめ》なりを持っていなければ、滅《ほろ》ぼされてもしかたない。それは、「自然界の法則」だから。それは、神がつくった法則だからな。変わらん。

綾織　うーん……、まあ、それについては、「神ではない別の存在が、そういう考え方をしている」というのは、私たちはよく存じ上げています（『習近平守護霊《しゅうきんぺいしゅごれい》　ウイグル弾圧を語る』〔幸福の科学出版刊〕等参照）。

『習近平守護霊　ウイグル弾圧を語る』（幸福の科学出版刊）

中国が「ウイグル、チベット、内モンゴル」を占領《せんりょう》した理由

毛沢東　いや、われわれはねえ、（先の戦争では）日本軍が強くて、逃げ回って逃げ回って、中国の西部まで逃げ回って、やっていたんだけどさ。それで、西のほうの可能性に気づいたわけよ、おかげさまで。「なるほど、西のほうをもっと持って

おくと、また、いざ日本に攻め込《せこ》まれたときに助かるなあ」ということが分かったわけだからさ。

綾織　ああ、なるほど。

毛沢東　「できるだけ、ソビエトやインドの近くまで、〝切り取っといた〟ほうがいいなあ」っていうことは、よく分かったよ。

綾織　なるほど。では、仮に、「日本と戦争になる。あるいは、アメリカと戦争になる可能性」というのは、当時もあったわけですけれども。

毛沢東　あるよ。

綾織　その場合は内陸に逃げ込める、と？

毛沢東「内陸に引きずり込んだら勝ちだ」っていうことが分かった。

綾織　内陸に引きずり込むんですね？

毛沢東　ああ。ナポレオンだって、ヒットラーだって、それで負けたんだろう？ソ連（ロシア）の焦土《しょうど》作戦で、モスクワが焦土になってでも、内陸部に軍隊を引きずり込んだら帰れなくなって、兵糧《ひょうろう》を断《た》たれたら全滅《ぜんめつ》する。同じ作戦が取れることは、よく分かったから。

綾織　なるほど。

毛沢東　内陸部に引きずり込めば、アメリカ軍が上陸したところで、こちらが西のほうに拠点《きょてん》を移して、抵抗《ていこう》・徹底《てってい》抗戦したら、アメリカが〝飢《う》え死に〟して、やられるのは時間の問題だわなあ。

綾織　確かに、中国を見ると、ウイグルを中心に、ミサイル基地、あるいは、核兵器の基地が集中しているように、やはり、「内陸を軍事的に使う」というお考えだったわけですね。そのために、この三つの地域（ウイグル、チベット、内モンゴル）を占領《せんりょう》したということですね？

毛沢東　うーん……。いや、取れるんなら、もっと取ってもよかったんだけどね。

綾織　なるほど。取れるところは取ったと。

「朝鮮《ちょうせん》半島を全部、中国が取っておけば何も問題はなかった」

毛沢東　いやあ、朝鮮《ちょうせん》半島なんかは、ちょっと取り損《そこ》ねたかなあ、半分しか。

綾織　そうですね。

毛沢東　あれを全部取っとけば、もう本当に問題はなかったね。統一朝鮮を全部、中国の支配下に置いとけば、何も問題はなかったんだよ。君たちの核ミサイル問題（北朝鮮問題）なんかなかったんだよ。もう、とっくの昔に、そんなものは終わってたんだよ。

綾織　いやいや。中国の核の問題、軍拡の問題は当然出てきますけれども。

毛沢東　いやあ、一九五〇年の（朝鮮戦争の）初頭で、（中国軍が）釜山《プサン》まで占領できて、それで、（朝鮮半島が）中国の植民地になっとれば、あるいは、朝鮮省か韓国省《かんこくしょう》か分からんが、中国の一省になっとったとしたら、君たちは、確かに緊張《きんちょう》はしてるだろうけど、軍隊がないからねえ。それは、どうなったかねえ、展開は。

「国益のためなら、たかが百万人ぐらい殺しても構わない」

綾織　ウイグルやチベットのところに話は戻《もど》るのですが、今の時点で、ウイグルでは、強制収容所に百万人から二百万人の人が入っており、「その人たちに洗脳をかけて、イスラム教を捨てさせる」ということをやっています。

また、チベットのほうでは、お坊《ぼう》さんたちに対する虐殺行為《こうい》も続いています。

毛沢東　たかが百万人ぐらいでしょう？

綾織　たかが？

毛沢東　うん。「チベット人」って言ったって、殺したのは百万人ぐらいしかいないし。

綾織　そうかもしれませんが、「たかが」と言えるんですかね？

毛沢東　まあ、ウイグルは、「これから殺そうとしてる」ところなので。

綾織　これから、殺すんですか？

毛沢東　うん。でも、百万人ぐらい殺したら、だいたい決着はつくだろう。全員殺すまでは要《い》らないいんじゃないかとは思うんだがな。

綾織　おそらく、「イスラム教を捨てる」ということは、かなりの方ができませんので。

毛沢東　いや、それは君、勘違《かんちが》いしてるねえ。勘違いしてる。うちは、パキスタンとイスラム教を応援《おうえん》してるんだからさ。

綾織　まあ、そうですね。

毛沢東　だから、それはね、国益のためなら、「宗教」なんか好きなように使っていいんだよな。〝人間が発明した「道具」〟なのであってね。

綾織　ということは、今、習近平国家主席が進めている、ウイグル、チベット、内モンゴルに対する政策を、全面的に支持されているということですね。

毛沢東　当たり前でしょ。そんなの、返したりしたら、あっちこっちで暴動が……。いや、もう、暴動は年間にすごい数なんだからさあ。正式に報道することはできないけれども、十万件ぐらいは普通《ふつう》にあるので。

暴動だよ。それは、下手《へた》したらね、もう「黄巾賊《こうきんぞく》の乱」みたいになって、(国が)壊《こわ》れたら、あとは「三国志」の時代に入っていくんだからさ。

だから、おまえら、分断主義者たちはさあ、中国を三つか四つに割りたいんだろうけど、そうはいかんよ。「統一」するのは大変なんだからさあ。

綾織　「統一」のためには、そういう犠牲《ぎせい》はやむなし、と?

毛沢東　ああ、しょうがないですねえ。中国の十四億の人口から見たら、百万人ぐらいなんかは、もうほんの〝トカゲの尻尾《しっぽ》〟にしかすぎないので。

5　その建国と統治の精神

〝中国の大躍進《だいやくしん》〟のもとにある、毛沢東の「考え方」とは

綾織　やはり、「国民は、いくら犠牲《ぎせい》になってもよい」という考え方が、もう建国の時代からあったということですね？

毛沢東　犠牲になってないよ。もう、金持ちになって、豊かになってる人がいっぱい出てるじゃない？　どんどん出てるじゃない？

それは全部、（中国）共産党のおかげなんだからね。だから、感謝しなきゃいけない。宗教的にも、感謝を教えなきゃいけない。

綾織　そういう、「国を統一する。中国という国を建国する」という……。

毛沢東　いや、考え方なんだよ。

君ら、「（ウイグルの人たちが）言語教育されてる」とか、いろいろ言うけどさあ、だけど、彼らは、ついこの前まで、習近平《しゅうきんぺい》の前までは、ちゃんと高校までウイグル語で教育を受けてた。

それから、大学で、中国の大学に来るときに、初めて中国語の勉強をしたりするために、ついていけなくてね。日本人が（中国に）留学してもついていけないのと同じように、ついていけなくて、学問を受け入れられないっていうような状況《じょうきょう》があったわけだから。

それで、いい職に就《つ》けない。ねえ？　だから、早めにちゃんと中国語で教育してやったほうがいいし、イスラム教のなかで、あの〝不毛の教え〟っていうか……。

綾織　不毛なんですか？

毛沢東　トルコ系のね、何か〝不毛の教え〟。やっぱり、これを早く捨てさせないと、〝近代化人間〟にはなれないからね。

綾織　その部分は、おそらく、中東などの地域のイスラム教国にとっても、敵視すべき政策だと思います。

毛沢東　いずれにしても、何にも問題ない。大成功だ。

綾織　大成功？

毛沢東　結局、大躍進《だいやくしん》したわけよ。

綾織　大躍進している、と？

毛沢東　やってのけたわけよ。

綾織　なるほど。大躍進を、この三つの地域でもしているということですね？

毛沢東　うん。

『毛沢東語録』がもたらした〝実り〟

毛沢東　さっきも話はしとったけど、大川隆法総裁だってねえ、東大法学部政治学科時代には、ちゃんと、毛沢東の『実践論《じっせん》』とか『矛盾論《むじゅん》』とかを読んでましたからねえ。

綾織　当時は、ほとんど、情報が出てきませんでしたからね。毛沢東主席についての情報というのは、ほとんどなかったですから。

毛沢東　うん。あとは、テレビを映したら、赤い表紙の『毛沢東語録』を、みんながワアーッと振《ふ》りながら、沿道にザーッと並んでるのが見られて。もう、〝地球最大の帝王《ていおう》〟であることを、みんなよく分かってたからねえ。

綾織　うーん……。確認ですが、そうしたご自身の建国の志《こころざし》が、そのまま続いていて、今も実現している、と？

毛沢東　それが、もう、実を結んだわけよ。

綾織　実を結んでいる？

毛沢東　だから、種があって、実を結んだわけよ。いい種を撒《ま》いたので、いい実りができたわけ。

（中国は）「世界の最強国」に、今また、のし上がろうとしてる。これはねえ、世界史を千年後に書いたら、「中国が、また世界的な帝国になった時代」に、今、なってるわけよ。

毛沢東は今、「習近平《しゅうきんぺい》主席」をどう見ているのか

綾織　今、習近平《しゅうきんぺい》国家主席は、「世界に、中華《ちゅうか》の国がそびえ立つんだ」ということを、おっしゃっていますけれども。

毛沢東　もちろん。

綾織　毛主席は、「それを後押《あとお》しされている。導かれている」ということなんですよね？

毛沢東　「後押しして」っていうか、（習近平は）その程度、支えられないようでは、もう要《い》らないでしょう。

綾織　ほお……。

毛沢東　うん。「国を大きくする」っていうならいいよ。
　今のままでは、私を超《こ》えられないからね。だから、国を大きくしようとしてるんだろうと思うんだよ。「シルクロード」と称《しょう》して、ほかの国を取れないか、一生懸《いっしょうけん》命《めい》、今狙《ねら》ってる。

それは間違《まちが》いない。取ったら勝ちだよ。それはねえ、取ったら偉《えら》いよ。もしヨーロッパまでの道を全部、中国の属国に変えていけたら、それはすごいよ。大したもんだ。

綾織　実際、「毛沢東思想」というものがあるわけですが、習近平主席は、ご自身の「習近平思想」というものも出してきて、まさに、毛沢東主席を超えるところまで行こうとされているわけですけれども。

毛沢東　頭がちょっと悪いから、そこまで行かないかもしらん。

綾織　ほお……。

毛沢東　私は、著述にかなり、力を注いだからねえ。（習近平は）そこまで行かないかもしらん。頭がちょっと悪いから、私に比べたら。

綾織　ああ、悪いですか。

毛沢東　頭は悪いし、私ほど勉強してないからね。私は、やっぱり、戦闘《せんとう》時代に、若いころから、ずっと勉強してたからねえ。

綾織　なるほど。ぜひ、そのあたりについても教えていただきたいのですが、習近平国家主席の「頭の悪さ」というのは、どのような部分に出ているのでしょうか。

毛沢東　だから、勉強量が違う、勉強量がね。

綾織　勉強量ですか。

毛沢東　うーん。勉強量が違うね。

綾織　知識が少ない？

毛沢東　全然違う。

綾織　なるほど。

毛沢東　うん。勉強量が違うねえ。

6　建国の目的と手段

「共産党は、権力闘争《とうそう》なんだよ」

斎藤　当時、エドガー・スノーの『中国の赤い星』も出ていましたし、貝塚茂樹《かいづかしげき》さんの『毛沢東伝』のように、日本の有名な知識人も伝記を書いていましたが、毛沢東主席は非常に優秀《ゆうしゅう》で、図書館に籠《こ》もって、さまざまな哲学《てつがく》の古典をたくさん読まれたそうですね。

おそらく、そういった像を遺《のこ》すように書かせたのではないかとも思うのですが、本はたくさん読まれていたのですか。

毛沢東　うん。本はいっぱいあった。

斎藤　確かに、小学校の教員や、大学の図書館の司書のようなこともやっておられたと聞いていますが、今までのお話からすると、そのときから、「巨大《きょだい》な民族を一つにする夢」等を持っておられたわけですね？

毛沢東　うんうん。

斎藤　もちろん、この二千年間のなかでは、〝中華大帝国《ちゅうかだいていこく》〟が大国として、大きな帝国として存在していた記録もありますし、そういった国を一つにするには、強国にならなくてはいけないということも分かります。

毛沢東　うんうんうん。

斎藤　ただ、現在、分かっていることですけれども、毛主席が八年前の霊言《れいげん》でお話しになったところによれば（前掲《ぜんけい》『マルクス・毛沢東のスピリチュアル・メッセージ』参照）、「当時の政治家としての私の仕事は、一言《ひとこと》で言うと、権力闘争《とうそう》であったんだ」というように回想されています。

毛沢東　まあ、それはそうだよ。

斎藤　そのようなわけで、さまざまな哲学を学ばれて、『毛沢東語録』等で、一つの共産主義の思想等を紡《つむ》がれたとは思いますが、「結局、権力闘争の仕事であった」というところが、私は八年前、非常に心に引っ掛《か》かりました。

そこで、この「権力闘争」というのは、いったい、どのようなお考えの下《もと》で、そうなっているのかを教えていただきたいと思います。

毛沢東　今でも、代々木《よよぎ》の日本共産党本部に行ってみたらいいよ。「闘争」って書いたものが掛けてあるから。もう、共産党は「闘争」なんだよ。権力闘争なんであってね。

要するに、「共産主義」っていうのはね、資本家、搾取《さくしゅ》する者、圧政を敷《し》く者に対して、庶民《しょみん》が同志となって戦う権力闘争なわけよ。

だから、下が上を倒《たお》す。まさしく〝真の民主主義〟なんだなあ、共産主義っていうのは。

斎藤　えっ⁉「倒す」というのが民主主義なんですか。

毛沢東　うん。それがそうなんだ。「民主主義」っていうことなんだよ。「権力闘争」っていうのは、そういうことなので。

だって、大地主《おおじぬし》が、もう、土地を持って、歴代・代々、親から子、子から孫に引き継《つ》いでさ、昔のイギリスみたいにね。そして、自分は何もしないで、キツネ狩《が》りか何かしてさ、銃《じゅう》で煽《あお》って、それで大金持ちをやってるみたいな、そんなのと貧しい人たちとではね、差はありすぎるわなあ。

やっぱり、「こういうものをなくして、みんな同志としてやろう」っていうのが権力闘争の始まりだから。今も権力闘争が続いてるわけよ。

斎藤　権力闘争について、先ほど、「革命は銃口から生まれる」と……。

毛沢東　うん。そらあ、もちろん正しいよ。

斎藤　そのように言われて賛同されていますが、「権力闘争のなかで、人を殺してでも権力を取っていくというか、そういったことを貫《つらぬ》いていく」ということが、本当に正義なのですか。

毛沢東　なんで、それが悪いの？

斎藤　えっ？

毛沢東　目的が正しければ、手段は構わないじゃないの。〝いちばん近い〟ほどいいんだから、手段は。

斎藤　「人命」とか「人権」とか、そういうものは、いったいどこへ行ってしまったのですか。

毛沢東　そんなものはねえ、君、くだらないよ。それこそ、君ら、この世的すぎるよ。もっと、「大義」っていうものが大事なんだから。大義を立てるためならねえ、命なんか、そんなものはどうでもいいんだよ。

「建国の大義」は「共産主義の中心たること」

市川　中国の「建国の大義」というのは、何だったのでしょうか。

毛沢東　建国の大義？　だから、「共産主義の中心たること」だろうなあ。まあ、ソ連もあったけどねえ。

いやあ、素晴《すば》らしい国をつくる。ユートピアなんだよ。ユートピアだろう？　だから、朝日新聞があれだけずっと長く、何十年も応援《おうえん》し続けたユートピアを、私たちは求め続けとったからなあ。

市川　私が感じるには、お若いころの学歴コンプレックスなのかな、と。

毛沢東　そんなもの、ありませんよ。

市川　「周りの人たちはみな、ソ連や日本に留学できたのに、自分はできなかったので、その仕返し、リベンジ」という感じをすごく受けるのですが。

毛沢東　そんなことはありませんよ。マルクスさえ読んどけば、別に学歴なんかどうでもいいことですからねえ。マルクス、エンゲルスの全集さえ読んどきゃあ、そんなものは関係ないですよ。あとは関係ない。

『毛沢東語録』の山を前に建党50周年を祝う中国国民たち。壁にはマルクス、エンゲルス、レーニン、スターリンの肖像写真が掲《かか》げられている。

当時の右腕《みぎうで》・林彪《りんぴょう》を追い出した理由

斎藤　今、「知的なコンプレックスもあるのでは」という話もありましたが、「大義を貫くために権力闘争が必要である」と考えていることはよく分かりました。

毛沢東　そりゃあ、そうでしょ。

斎藤　ただ、宗教的な目から見ると、「嘘《うそ》をつく」というのは非常によくないと思ったのです。

例えば、あなたの右腕《みぎうで》として、●林彪《りんぴょう》という人が〝将軍〟でおられました。あなたに登用されて、非常に大きな活躍《かつやく》をされ、副主席にまでなった人です。

毛沢東　うん。

斎藤　彼の日記のなかには、「嘘をつかなければ、大事を成すことはできない」「嘘をつかない者は粛清《しゅくせい》される」とありました。

●林彪（1907 ～ 1971）　中国の軍人、政治家。日中戦争や国共内戦で活躍し、1959年に国防大臣、1966年に党副主席、1969年に毛沢東の後継者に認定された。要職を腹心の部下で固めるなどして毛沢東に警戒され、粛清《しゅくせい》されそうになったため、旧ソ連へ飛行機で逃亡を企《くわだ》てるも、途中で墜落《ついらく》死した。

毛沢東　いや、それはおかしいなあ。それは、翻訳《ほんやく》に問題があるんじゃないかなあ。それは、そういう意味じゃなくてねえ、やっぱり、「軍略」「策略」の問題なんじゃないかなあ。そういうことを言っているんであって。

斎藤　いや、そんなことはないですよ。

「真理を語ることなかれ。迎合《げいごう》することが何よりも大事なんだ」といったことや、あなたについては、「過《あやま》ちは全部人のせいにする」というようにも書かれています。

毛沢東　それは捏造《ねつぞう》されたもんだなあ、間違《まちが》いなく。誰《だれ》か、後世の者がつくった。

斎藤　いやいやいや。林彪氏は、毛主席から糾弾《きゅうだん》されて、最終的には、飛行機に乗って逃《に》げましたが、燃料不足で墜落《ついらく》して、家族ごと死んでしまいました。

毛沢東　ああ、知ってるよ。

斎藤　それほど心服《しんぷく》してくれていた部下を、最後に粛清するようなかたちで追い出すというのは、どうなんでしょうか。

毛沢東　いや、後継者《こうけいしゃ》にしようかと思うたら、すぐ権力志向が強くなるからさあ。やっぱり、殺さなきゃいかんじゃん。

斎藤　えっ、「殺さなきゃいかんじゃん」って、やっぱり、殺すんですか（苦笑）。

毛沢東　それはそうでしょう。例えば、君を理事長に任命したとする。ねえ？　今までこうやっておちゃらけてやっとったのが、理事長になったら、急に権力志向になってさあ、周りの者を消して、自分の権力を安定化させようとし始めたら、やっぱり、君を殺すしか方法はないでしょ、ほかに。

斎藤　やっぱり、「人を殺す」というところが着地ですか。

毛沢東　当たり前でしょ。悪いやつは除くのがいちばんだ。

綾織　権力を握《にぎ》るためには、共産主義でなくてもよかったのではないですか。

毛沢東　そうかねえ。共産主義っていうのは、「万人《ばんにん》に対する、ただ一人の悪政をやるやつをまず取り除く」っていうのが、これが、いちばん大事なことなんで。

綾織　取り除きたいわけですよね？

毛沢東　だから、やっぱり、民主主義なんです、君。

綾織　それで、独裁権力を握れば完了《かんりょう》なわけですね？

毛沢東　いや、目的が正しければ、手段は選びようはいろいろあるけども、やっぱり、〝いちばん早い〟ものを取るべきだということですわねえ。

綾織　「自分が権力を握って、あとは自由にやれる」っていうところがいちばん大事だ、と。

7　全世界同時革命の目標と工作

「憲法九条死守」で、日本の〝宦官化《かんがんか》〟に成功した日本共産党

毛沢東　〝カンフー〟では日本軍は倒《たお》せないから、やっぱりねえ、B29から爆弾《ばくだん》の雨を降らせて、最後には原爆を落とさなきゃ駄目《だめ》なんだよ。

日本軍は、カンフーでは倒れてくれないんで。すぐ起き上がってくるから、駄目なんだよ。そういう護身術では勝てないの。勝てないものは勝てないの。

だから、どうやったって……、カンフーの軍団を百万人送ったって、日本人は殺せないから。日本刀で斬《き》ってくるからさあ、どうしようもないんで。それに対しては、それ以上の武器を使う以外方法がないわけよ。

綾織　「日中戦争」、日本との戦争自体も、ご自身が権力を握《にぎ》るために〝利用〟したということですよね。

毛沢東　うーん。まあ、言い方はいろいろあるなあ。

でも、私は、完全な日本のアンチであったわけではないんだよ。日本に協力したところもあるし、利用したところもあるし、まあ、相身互《あいみたが》いだなあ。

「権力闘争《とうそう》のなかで、両方、どうバランスを取りながら〝のし上がって〟いくか」ってことが大事なんであってなあ。

綾織　戦後、日本の野党の指導者に対して毛主席は、「日本軍がいたから、共産党は政権を取れたんだ。日本軍のおかげだ」というように言っていました。

毛沢東　うん。それはそうだ。そうなんです。

　さらに、今、日本共産党も頑張《がんば》ってるけどねえ。「憲法九条死守」で頑張ってるけども、日本を〝宦官化《かんがん》〟することにも成功したからさあ。

綾織　宦官？

毛沢東　宦官だよ。君たちはねえ、〝宦官国家〟なんで、分かってないだろうけど。自分らは、平和主義者で、世界の正義に貢献《こうけん》してると、みな思ってるんだろう？宦官だよ、君たちは、はっきり言えば。攻撃《こうげき》されたって、反撃できない、していいのかどうかが分からないような国だからさあ。宦官国家さ。

　それを日本共産党は見事に成し遂《と》げた。素晴《すば》らしい。

斎藤　この八年間で進化されているかもしれませんが、八年前の霊言《れいげん》では、「あなたは、いったい何を正義として、何を目指して革命を起こしたのでしょうか」という質問に対して、「それは抗日《こうにち》だよ、君。何を言っているんだよ」「それは正義なんだよ。決まっているじゃないか」というように答えていました。

毛沢東　うんうん。

斎藤　革命を起こすのに、「抗日が正義だ」という……。

毛沢東　いや、中国は戦後というか、この七十年、ずーっと、そうだから（笑）。映画はほとんど抗日映画ですからねえ。とにかく、悪人が必要なんで。悪人は日本人だ。

斎藤　革命を起こすためには、悪人が要《い》るわけですね。

毛沢東　それは要りますよ。それは必要でしょ。

斎藤　それを設定して、自分の理想を実現していくということですか。

毛沢東　だから、「悪の日本人」でしょ。

今、知財運動か何か知らんけども、まあ、何て言うのかなあ、知的所有権だか何か、私にはよく分からんけども。そういうものを中国が盗《ぬす》んでるとか、アメリカとかがギャーギャー言うとるけどさ。

綾織　アメリカが中心に言っています。

毛沢東　何を言うとる。中国のそういう知的な資本を取りまくったのは日本じゃないの。それを取って、明治以降の躍進力《やくしんりょく》に変えたわけで、君たちは、〝キツネのような国家〟なんだからさあ。

綾織　それは事実誤認です。

毛沢東　その分は絞《しぼ》り上げて、油を絞って、〝ごまの油〟ぐらい絞らないと、やっぱり駄目なんだよ。君ら、ほとんど中国からもらってるんで。アメリカからもらったものなんて、戦後の、小麦粉とか、チョコレートとか。

トランプ大統領を「邪神《じゃしん》」と見ている毛沢東

綾織　知的財産権の部分は、今、中国がいちばん困っているところですね。アメリカとの貿易戦争が始まって、経済的にかなり厳しい状態になっています。

毛沢東　困ってるっていうこともない。トランプさんは〝狂人《きょうじん》〟と認定されてるから、そう長くないだろうからさ、別に困りゃしないけどね。

綾織　困らない？

毛沢東　うん。うちが大国だから、ゆっくりと反応するからね。ゆっくりと。

綾織　なるほど。

ただ、トランプ大統領は、さらに〝その上を行く〟と思います。次々と手を打ってきていますので。

毛沢東　いやあ、そろそろ暗殺されるんじゃないの？　もう七十二にもなったし。

綾織　暗殺を考えているんですか、中国として。

毛沢東　いや、だって、あんまり長いこといたら、アメリカ人がかわいそうじゃない。なあ？　トランプっていうのは「邪神《じゃしん》」だからさあ、一種の。

綾織　邪神ですか。

毛沢東　だから、今ねえ、カリフォルニアでねえ、ものすごい、●史上初の大規模な山火事があるのよ。

綾織　はい。

毛沢東　あれはねえ、ハリウッドなんていうのは、金を稼《かせ》いでは民主党にいっぱい政治献金しとるから、トランプがねえ、「ハリウッドまで焼いてしまえ」って言っ

●**史上初の大規模な山火事**……　2018年11月8日にアメリカ・カリフォルニア州で発生した山火事では、少なくとも89人が犠牲《ぎせい》となり、家屋《かおく》など1万9千棟《とう》が全《ぜん》焼《しょう》するなど、同州史上最悪の火災となった。

て、絶対、秘密工作部隊が火を点《つ》けて回っとるんだよ。あんなの、ありえないよ

（注。霊人《れいじん》の意見である）。

綾織　そこまではやらないとは思いますけれども。

毛沢東　ありえないですよ。

綾織　トランプ大統領は「邪神」なんですね？

毛沢東　あれこそが「邪神」だよ。あれこそがヤハウェの正体なんじゃないか。

「妬《ねた》む者」「われは妬む者なり」。彼だよ。

綾織　なるほど。「毛沢東主席から邪神に見える」というのは、大きな意味がある

かなとは思います。

沖縄《おきなわ》県知事選で中国の工作が行われていたことを明かす

綾織　トランプ大統領は、経済の部分だけではなくて、アメリカ軍の、ある意味の再建をして、中国を封《ふう》じ込《こ》めるという方向に動いていています。

毛沢東　うん？「ある意味での再建」？　あの、君らねえ、本当に民主主義者なのか？

綾織　え？

毛沢東　沖縄《おきなわ》なんかには、ちゃんと投票して、知事とかも、米軍基地移転反対派が勝ってるのにもかかわらずねえ、それを無視してなあ、基地移転工事をガンガン進めたりしてやったりする。国家権力による横暴《おうぼう》が行われている。人民は、絶対立ち上がらなきゃいけない。「外国の人民」とも協力して立ち上がって、この国家を粉《ふん》砕《さい》しなきゃ駄目ですよ、こんなの。

綾織　協力されていますか。

毛沢東　ええ？　しなきゃいけないでしょう。

綾織　しなきゃいけない？

毛沢東　そうしないと、だって、沖縄はアメリカに取られっ放しじゃないですか、七十年以上。これは、やっぱり、民族自決ですよ。

綾織　やはり、先般《せんぱん》の沖縄知事選でも、中国の工作がかなり入っているわけですね？

毛沢東　「工作」だけじゃなくて、「資金」も入ってますよ、それは。

綾織　資金も入っている？

毛沢東　それは当然でしょう。当たり前ですよ。世界中でやってますよ。なんたって、「全世界の同時革命」が目標だからね。

綾織　同時革命ですか。なるほど。

「台湾《たいわん》は、一カ月あれば取れる」

綾織　それについて詳《くわ》しくお伺《うかが》いしたいのですけれども、直近《ちょっきん》で革命を起こしたいところは、どこなのですか。やはり、台湾《たいわん》ですか。台湾を取る。

毛沢東　いや、台湾なんか、〝ひねり潰《つぶ》す〟のは訳ないんだけどね。簡単に〝ひねり潰せる〟んだけど。

ただ、何か今、ヨーロッパとも取引が大きいし、アメリカともやっとるから。そういうところの〝ご機嫌《きげん》との関係〟でね、平和的に、柔道《じゅうどう》の絞《し》め落としみたいな感じでやっているだけであって。

本気でやりゃあ、あんなもの、一カ月もありゃ終わりだよ。

綾織　二〇二一年で、中国共産党成立から百周年になります。

毛沢東　ああ、そのくらいになるかなあ。

綾織　「ここが節目《ふしめ》で、それまでには台湾を併合《へいごう》するという目標がある」といったようにもよく言われています。

毛沢東　君らから見たら、あんなの、奄美大島《あまみおおしま》か小豆島《しょうどしま》かっていうぐらいなもんですからね。「偉《えら》そうに言うなよ、国家なんてね」っていうところですよね。

綾織　いつでも取れる、と?

毛沢東　ああ、一カ月ありゃ取れますよ。

ただ、ほかのね、外国との貿易とか、いろいろあるから。国際関係があるからね、ちょっと、そのへんを〝ゆるゆる〟とやってるだけだ。

市川　もし、台湾に侵攻《しんこう》するとしましたら……。

毛沢東　「侵攻」って、うちのもんなのに、何を言ってんの。「取り返す」っていうことだろう？

市川　実際は、台湾は国だと思いますので。

毛沢東　あっ、国なの？　へえー。それは知らんかった。台湾っていう国があるとは思わなかった。

市川　軍事的侵攻で取り返すというかたちをお考えですか。それとも、無血開城的に考えているのでしょうか。

毛沢東　まあ、君らで言やあ、日本国のなかで「幸福の科学国」っていうのができたみたいなもんだから、政府は潰しに来るからな、そういう場合はな。だから、「獅子《し》子《し》身中《しんちゅう》の虫」なんですよ。

市川　台湾総統の蔡英文《さいえいぶん》氏については、どのような評価をされていますか。

毛沢東　ああ、無力だねえ。ほぼ無力。

市川　それでは、蔣介石《しょうかいせき》については、どのような評価をされているのでしょうか。

毛沢東　いや、これはちょっと、因縁《いんねん》浅からぬ者だから。君ら、まだ霊言もしてな

●蔣介石（1887～1975）　中華民国初代総統。孫文《そんぶん》に師事。中国国民党指導者として反共政策を推進。第二次世界大戦後、毛沢東の共産党軍に敗れ、台湾に逃れた。

いんじゃないの？

綾織　そうですね。

毛沢東　まあ、蔣介石を、今、日本人は分からなくなったかなあ。いや、偉そうに言うわりには「弱い男」でな、根性《こんじょう》が据《す》わってない男だったんで。

そらあ、私が死んで蔣介石が生き残って、中国統一のほうに行ってたら、世界は変わってたのかもしらんが、その場合は、どうせソ連に攻《せ》め込まれてるぐらいのことだからさ、結局、一緒《いっしょ》だわ。中国がソ連邦《れんぽう》に入れられてるぐらいのことだ、たぶんな。

中国共産党が政権を取れたのは日本のおかげ？

綾織　確かに、「蔣介石の国民党が中国を治める」という可能性は、実際にかなりあったと思います。

毛沢東　あっただろうねえ。

綾織　もし、「西安《せいあん》事件を起こして、蔣介石を拘束《こうそく》し、無理やり、国共合作《こっきょうがっさく》に持っていった」という流れがなければ、中国共産党はあっという間に終わっていた可能性があるわけですけれども、このへんの……。

毛沢東　いや、日本のおかげよ、ほんっとに。日本がねえ、強すぎて、圧倒《あっとう》的な速さで中国を〝侵略してくれる〟からさ。まあ、〝なかでは敵同士〟でも、組まなきゃいけないことがいっぱいあってさ。敵に対しては対抗しなきゃいかんから、〝味方〟になるわなあ。そのおかげじゃねえかな。

●西安事件　1936年12月、東北軍の張学良《ちょうがくりょう》らが、中国の西安にいた蔣介石《しょうかいせき》を監禁し、国共内戦の停止や抗日戦での共闘などを要求した事件のこと。周恩来らの説得で要求に応じた蔣介石は釈放され、その後、国共合作による統一戦線へと展開した。

綾織　共産党軍は、日本軍とほとんど戦っていませんでしたからね。

毛沢東　うん、勝てないんだから、戦いようがない。逃《に》げるしかないんで、ほとんど。

綾織　そのへんについて、現代では、国民を洗脳して、「中国共産党が日本を追い散らした」ということになっていますね。

毛沢東　まあ、現実の日本軍の強さは、「日本兵一人いたら、中国兵なんか百人ぐらい倒せる」っていう、そのくらい、だいたい、みんな常識でそう思ってたよ。

綾織　やはり、このへんにも歴史問題があって、共産党政権の正統性の一つになっ

●**国共合作**　「中国国民党」と「中国共産党」との協力関係のこと。ここでは、日中戦争の勃発《ぼっぱつ》を機に、それまで対立関係にあった両党が共に戦うことで合意した「第二次国共合作」(1937年)のこと。

ているわけですが、そのほとんどは嘘《うそ》の内容ですよね。

毛沢東　わたしゃあ、ほんと、つくづく運がいい男だなあと思いますよ。負け続けとったはずなのに、いつの間にか大国が〝転がり込んで〟きた。アメリカは気前がええところがあるわなあ、ほんっとな。何か気前がええね。

そういうときはねえ、敵か味方かはっきりするから。「日本が敵なら、こっち（中国）が味方」っていうことだから、〝丸ごと〟入ってくるんで。

綾織　なるほど。

毛沢東　そうしなきゃ、（アメリカが日本と）戦った意義が立たないってことだろう？　大義がなあ。

綾織　実際、アメリカが中国共産党を支援《しえん》したところもありますし、建国のときもかなり支援していました。

毛沢東　そう、そう、そう。まあね、東京空襲《くうしゅう》とかさ、いろいろ、大阪《おおさか》とか、神戸《こうべ》とか、名古屋《なごや》とかを空襲して。まあ、向こうも、戦艦大和《せんかんやまと》みたいにねえ、「片道燃料で空襲して、中国に不時着する」っていう。

綾織　ええ。

毛沢東　不時着できたのは半分程度で、あとは海に墜《お》ちたりしている。こんなことをアメリカ軍が……、神風《かみかぜ》特攻隊みたいなことを、あっちもやってるんだよな。そこまでして救った中国が「いい国」でなかったら、向こうも困るでしょう。

●東京空襲とかさ……　1942年4月18日、アメリカ軍は、東京や名古屋、大阪、神戸などを目標として、日本本土に対して初めての空襲を行った（ドーリットル空襲）。ドーリットル中佐率いる16機のB-25は、空母から飛び立ち、日本本土を爆撃後、中国大陸へと離脱した。なお、大阪を目標とした機が実際に爆撃したのは名古屋だった。

綾織　なるほど、そういうことですか。

毛沢東　そういうことです。かわいそうじゃない、死んだ人たちが。米軍兵たちがかわいそうじゃない。日本が「ものすごく悪い国」で、中国が「いい国」でなきゃ、家族が黙《だま》ってるわけないじゃない。ね？　だから、それでいいんだよ。

8　大躍進《だいやくしん》政策、文化大革命の動機

自身の「国家経営の失敗」を日本のせいにする毛沢東

綾織　今日のお話を伺《うかが》っていても、中国は、やはり、建国の時代から国民の犠牲《ぎせい》を厭《いと》わない、非常に残虐《ざんぎゃく》な国だと分かりますね。

毛沢東　いや、国家っていうのは、そういうもんなんじゃないの？　国家っていうのはねえ、そういうところがあるよ。

綾織　そういうものですか。

毛沢東　国家は、そういうものですよ。国家は個人に勝《まさ》るものですからね。

斎藤　しかし、国家が民《たみ》の幸福を考えないで、よいのでしょうか。

大川隆法総裁が事前の導入の解説でも触《ふ》れられましたが、例えば、あなた様がご生前にされた「大躍進《だいやくしん》政策」や「文化大革命」などでお亡《な》くなりになった方は、五千万人ぐらいとも目されているという話もあります。

また、大躍進政策だけでも死者四千万人と出ていますけれども、そういう、四千万、五千万という数の死者が、建国してから出ているわけです。「戦争で」ということなら、さまざまな考え方もありましょうけれども、建国した後《のち》に、ご自身が命令して、九千万人とも言われる人を駆《か》り立てて、そのうちの四、五千万人が亡くなっているというのは、いったい、どういうことなのかなと。それは許されるのかなというのが素朴《そぼく》な疑問なのですけれども、いかがですか。

毛沢東　それは、「日本が悪かった」っていうことにすれば、別に済むことで。

斎藤　（苦笑）なぜ、そこで急に日本が出てくるんですか。

毛沢東　ええ？　だから、日本が長い長い日中戦争で、まあ、太平洋戦争は四年ぐらいしかしなかったと思っているのかもしれないが、中国との戦争はね、十五年、戦争をやってるからねえ。その間に、国中が荒《あ》らされて、インフラは壊《こわ》され、田畑は焼かれ、もう聞くも涙《なみだ》で、住む家もない人たちがいっぱいだ。

綾織　それは、中国の国民党がやっていたことだと思いますけれども。

毛沢東　ああ……。ハハッ（笑）。
それは、言い方はいろいろ、まあ、見た人がいるわけじゃないから、言い方はいろいろ……。
だから、中国はもう目茶苦茶《めちゃくちゃ》にされたわけだからさあ。それは、貧困で死ぬ人が出てもしょうがないじゃない、日本人が悪いんだろうから。ちゃんと金をよこせばいいわけよ。

綾織　実際に亡くなった人の数は、国共内戦や内乱で亡くなった数のほうが多いと言われています。

毛沢東　まあ、そんな武器があるわけもないじゃないですか。日本人なら殺せただろうけどなあ。

「国家を強くしたかったら、下の二割は淘汰《とうた》しないと駄目《だめ》」

綾織　ちょっと素朴な疑問なんですけれども、「五千万以上の人を虐殺してきた」

という戦後の歴史があるわけですけれども……。

毛沢東　私が殺したわけじゃない。私が殺したわけじゃない。

綾織　そういう命令もされていたと思うのですけれども、そういう方々の思い、あるいは、「念」というのは伝わってこないものなのでしょうか。

毛沢東　何言ってんの。「死んだら何もかもなくなる」んだから、そんなもの、あるわけないじゃない。

綾織　あの世はあります。あなたも、今、〝生きている〟ということは、「霊《れい》として存在している」ということなのですが。

毛沢東　一般《いっぱん》の人間は、死んだらそれで「消滅《しょうめつ》」するのよ。だから、存在しないの。肉体しかないのよ。粘土《ねんど》なの。ただの〝粘土人形〟。兵馬俑《へいばよう》の、〝粘土人形〟なの。だけど、私みたいな〝神〟になれば違《ちが》うよ。神は別。神は別ですよ。

綾織　神になったから存在し続けている、と？

毛沢東　神は生き通しだから。

斎藤　今、苦しくないんですか。

毛沢東　何が苦しいの？

斎藤　そういう、不幸になった方々の気持ちが自分に返ってきて。

毛沢東　なんで不幸なのよ？　殺してもらったら、〝うれしい〟じゃない。

斎藤　えっ？

毛沢東　だって、この世の苦しみから解放されたんだから。「この世は苦しみだ」って、お釈迦《しゃか》様も言ってるだろう？　だから、「殺してもらえてありがたい。うれしい」って死んでいくわけよ。食糧《しょくりょう》もなくて、ひもじくて、病気して、ね？　奴隷《どれい》扱《あつか》いされたり、いろんな人に苦しみがある。

綾織　理不尽《りふじん》な殺され方をしたり、あるいは、飢餓《きが》で亡くなったり、そういう苦しみのなかで亡くなった方々の、毛沢東主席に対する思いというのが実際に出てくると思います。

毛沢東　やっぱりね、国家を強くしたいと思ったらねえ、下の二割ぐらいは淘汰《とうた》しなきゃ駄目《だめ》なんだよ。出来の悪いやつらなんで。

綾織　十億人以上の国で二割というのは、そうとうなものですね。

毛沢東　いやあ、その当時はまだ十億人はいなかったんだと思うから。まあ、増えてきたから。

今は、だから、よくなっているから、もう一回、生まれ変わったらいいんだろう。もし、魂《たましい》っていうのがあるとすればね、生まれ変わりゃいいわけで。人口は、もとより増えてるわけだからさ。

「ソ連の中国侵攻《しんこう》を止めるため、戦える体制の国をつくった」

斎藤　当時、あなたは政策のなかで、「人民公社《じんみんこうしゃ》」というものを〝発明〟されました。中国全土の農村に人民公社を設《もう》け、そこですべて賄《まかな》うということで、平等思想の下《もと》に、「共同食堂では、食べ物は自由に好きなだけ食べていい」といったこともされていましたが、そのため一気に食糧が尽《つ》き、結局、国家経営に失敗して、大勢の餓死者が出ています。

どのようなビジョンを持っておられたんですか。

毛沢東　「人民公社を〝発明〟されて」？　君、ほんまに無学だね。無学だっていうのがよく分かった。今の一言《ひとこと》で分かるわ。やっぱり、君、ちゃんと正規に勉強してないね。どこで？　何？　通信制か何かで……。

綾織　元芸術家ですので。

毛沢東　ああ、やっぱりね。勉強してないんだな。

綾織　芸術系です。

毛沢東　ああ、絵を描《か》くか、ろくろを回して何かをつくるか、そんなことをしてたんだな。職人だな、これ。

市川　学歴よりも、その後どう勉強したかが重要ですので。

毛沢東　人民公社ってねえ、そんなの、ちゃんと先に、ソ連に模範《もはん》があるわけで。それで、ソ連は大発展しとったんだからな。

斎藤　ただ、言わせてもらいますが、そもそも、中国が建国されるに当たっては、コミンテルン（共産党の国際組織）から指導を受けたり、スターリンのほうからも支援《しえん》を受けたりして、あなたはだんだん出てきています。第一回党大会の記録によると、十二人あるいは十三人の代表者が集まっていますが、そのときのあなたは単なる〝ぺーぺー〟だったではないですか。

今でこそ「建国の父」のように言われていますが、人民公社なども、原型はソ連から入ってきていたのに、そうしたことには触れずに、「全部、自分がやった」という感じになっています。

それに、自分が主導した大躍進政策では、思いつきの〝間違った農法〟を命じて収穫《しゅうかく》が駄目《だめ》になったり、いきなり全国民に「製鉄」を無理やりやらせたため、原始的な方法でしかできず、大失敗したりして、その結果、餓死に追い込《こ》まれて四千万人が死んでしまったではないですか！

私のことをまったく無学だと言いましたが、あなたのほうこそ、どうなのですか。人の命を軽んじて、結果がこんなことになっていますよ。

毛沢東　何言っとるの。君らはねえ、「ウイグルを取った」だの、「チベットを取った」だの言うけど、そういうふうなねえ、ちゃんと戦える体制の国家をつくったからこそ、ソ連は中国に侵攻《しんこう》することができなかったんで。（ソ連は）狙《ねら》ってたんだから、虎視眈々《こしたんたん》と。中国まで取りたかったのは間違いないんだから。

そうしたら、どれだけの被害《ひがい》が出てたか分かんないんだからさ。国ごとなくなってるかもしれないのに、三つも国を取ったっていうのは、すごいことだよ。ねえ？

9　毛沢東は今、どんな世界にいるのか

「地球をどうやって統合しようか考えているだけ」

綾織　ここで、霊的《れいてき》なところについて……。

毛沢東　やっぱり、君らの力では無理だろう？　わしほどの大物になったら、どうしようもないだろう？

綾織　今、あなたの置かれている状況《じょうきょう》について、お伺《うかが》いしていきたいと思います。
例えば、鄧小平《とうしょうへい》氏ですね。彼の霊言《れいげん》はすでに収録されていて……。

毛沢東　地獄《じごく》に堕《お》ちてるんだって？　彼はずいぶん正直な人だねえ。なんでそんなふうに言うんだろう。冗談《じょうだん》を言ってんのかなあ。

綾織　鄧小平氏とはお話しされますか。

毛沢東　しないよ。

綾織　しない？

毛沢東　うん。

綾織　会われない？

毛沢東　会わないよ。

綾織　では、「別の地獄にいる」ということですかね？

毛沢東　いや、私は〝神〟だから。

綾織　なるほど。〝別の世界〟にいる？

毛沢東　神は、人間には会いませんよ。

綾織　普段《ふだん》、お話しされるのは、どなたでしょうか。

毛沢東　うん？　神だから、別に。

綾織　「神として」で結構ですけれども、神として、何か……。

毛沢東　神だからね、地球をどうやって統合しようか、今、考えてるだけだ。

綾織　なるほど。

指示を出す相手や相談する相手はいるのか

綾織　あの世の世界で神として存在されていて、誰《だれ》に、その導きを与《あた》えていますか。

毛沢東　どうすれば〝世界神〟になれるか、今、考えてるところだから。

綾織　なるほど。世界神になるために、実際に使われている方というのは、どういう方々ですか。

毛沢東　うん？　とにかく、要するに、世界のトップリーダーになって、全部を朝《ちょう》貢《こう》外交風に……。「北京《ペキン》詣《もう》で」だな。国連は北京になければいかんな。

綾織　なるほど。

毛沢東　北京に来て、物事は全部決まると。世界秩序《ちつじょ》は、ワールド・オーダーは、北京が決める。その時代をつくることこそ、今は〝神への道〟だと思ってる。

綾織　なるほど。そのために、普段、相談されている方というのは、どういう方ですか。

毛沢東　なんで神が相談なんかするの？

綾織　では、あなたが「こうしろ」「こういうふうに動け」「こういうふうに中国をつくれ」と指示をされている方は？

毛沢東　ええ？　今は、習近平《しゅうきんぺい》が〝使い走り〟してるんだろう？

綾織　ああ。では、習近平氏に、直接、そういう指示をされている？

毛沢東　まあ、それは、「私の思い」を受けてやってるんだろうよ。

綾織　なるほど。あの世の世界ではどうですか。

毛沢東　うん？

綾織　あの世で接点があって、そういう指示をされる方は、どういう方ですか。

毛沢東　いや、神だから、それはねえ、〝ヒマラヤの頂上〟にいるようなものだから、人々は来れないな。

市川　あなたがいらっしゃる世界を描写《びょうしゃ》していただきたいのですけれども。

毛沢東　だから、ヒマラヤの頂上みたいな感じだよな。

市川　明るい世界なのですか。

毛沢東　えっ？　何が明るいの？

市川　真っ暗だとか……。

毛沢東　何が明るいか、真っ暗か。それは意味が分からんな。

市川　太陽は出ていたりしますでしょうか。

毛沢東　ええ？　太陽？　まあ、太陽ぐらいは出てるときはあるんじゃないの？　それは、よく分からん。見たこともないから分からんけどさ。

市川　ご覧になったことはない？

毛沢東　目が潰《つぶ》れるだろう？　太陽って。

市川　ああ、目が……。それでは、真っ暗な感じですか。

毛沢東　サングラスを送ってよ。そうしたら太陽が見えるから。

市川　太陽がない感じですか。

毛沢東　いや、サングラスを持ってないんだよ。

周恩来《しゅうおんらい》とは今でも接点はあるのか

綾織　●周恩来《しゅうおんらい》氏の霊言も、以前に収録されているんですけれども、あなたとは「たまに会います」というように

●周恩来氏の霊言　『周恩来の予言』（幸福の科学出版刊）参照。

おっしゃっています。

毛沢東　へえー。そうかね。なんか、会ってないような気もするんだがなあ。会ってんのかなあ。

綾織　会っていませんか。

毛沢東　会ってんだろうかね。いや、そういえば、しばらく忘れとったよ、そんな人がいたことは。

綾織　おお。忘れている？

毛沢東　忘れてた。忘れてた。うん。そういう人もいたね、そういえば。

綾織　なるほど。では、接点がある方というのは、もう、ほとんどいらっしゃらないわけですね？

毛沢東　いや、周恩来は、中国ではねえ、“諸葛亮孔明《しょかつりょうこうめい》の再来”だと思われてたから、わしは、徳のある劉備玄徳《りゅうびげんとく》のような存在なんじゃないかなあ。

綾織　まあ、それはかなり……。

毛沢東　劉備玄徳は最後まで行かなかったが、蜀《しょく》の国が「天下三分《さんぶん》の計」を超《こ》えて統合したのが、毛沢東っていうことで。

だから、やっぱり、劉備玄徳に曹操《そうそう》を掛《か》け合わせたような存在だよな。

綾織　何千万人も国民を殺さないのであれば、それは分かりますけれども……。

毛沢東　三国志の時代は何千万も死んでますよ。

綾織　では、あの世に還《かえ》ってから接点がある方というのは、まったくいないのでしょうか。

毛沢東　いや、神だからねえ、アイガー北壁《ほくへき》を登ってまで神に会いに来れる人っていうのは、そんなにはいないねえ。

斎藤　周恩来氏の話になりますけれども、普通は、あなたに粛清《しゅくせい》されますよね。ところが、周恩来氏だけは、二十五年ぐらいずっとあなたの側近を務め、首相も務めました。

先ほど、「諸葛孔明のイメージ」と言っておられましたけれども、これについては、大川隆法総裁も、「なぜ、側近をすぐに粛清せずにいたのかな」と、非常に不思議がっておられました。それだけの恩義のある方を、今、あなたは「そんなのもおったな」と言って、忘れているということ自体、どうなのでしょうか。温情とか愛とかいうものはないのですか。

毛沢東　周恩来っていうのは、だいたい〝犬〟よ。

斎藤　えっ？　犬？

毛沢東　だから、ポチみたいな。

斎藤　ポチ？

毛沢東　うん。ポチみたいな存在だったんで。尻尾《しっぽ》を振《ふ》ってね。「主人が誰か」っていうことだけがはっきりしとれば、もう、ポチを飼ってるようなものだったから。まあ、私の代わりにやっとったんでねえ、いろいろとね。

斎藤　はあ。

毛沢東　ほかのやつらは我《が》があるからさ。隙《すき》を見せれば寝首《ねくび》をかきに来るけどね。やつはポチだからさ。だから、畜生道《ちくしょうどう》にでも行って、犬になってんじゃないか、今。

斎藤　いや、そ……（苦笑）。そうですか。

●マキャヴェリの霊言　『マキャヴェリ「現代の君主論」とは何か』（幸福の科学出版刊）参照。

「マキャヴェリの弟子《でし》」というのは本当か

綾織　マキャヴェリの霊言というものも収録されていて……。

毛沢東　へえー。ふうーん。

綾織　「毛沢東が自分に弟子《でし》入りをしています」と言われていました。

毛沢東　マキャヴェリが？　「毛沢東が自分に弟子入りをしている」？

綾織　はい。

毛沢東　何を間違《まちが》ったことを言ってんの？

●マキャヴェリ（1469〜1527）　フィレンツェ共和国（現イタリア）の政治思想家、外交官。政治を宗教・道徳から切り離して考えるべきだとする現実主義的な政治理論を展開し、近代政治学の祖といわれた。主著に『君主論』『戦術論』『ティトゥス・リウィウスの最初の十巻についての論考』等がある。

綾織　間違っていますか。

毛沢東　マキャヴェリが、そんな、イタリア統一したのかよ。マキャヴェリは、そんなに偉《えら》い人だったんかい？

綾織　どのくらい偉いかは、ちょっと分かりませんけれども。

毛沢東　あなたねえ、私の記憶《きおく》によりゃあね、マキャヴェリは、イタリアの一つの共和国か公国か知らんけど、〝図書館〟か何かの、書記か何かをしとったような人じゃなかったですか（注。マキャベリは、一四九八年、フィレンツェ共和国の内政、軍政を束《たば》ねる第二書記局長に任命された）。そんな人だったような気がするんだが。

綾織　リアリストで、いろいろな戦略を考える人でもありました。そういう部分を、こう……。

毛沢東　そんなねえ、〝図書館で本の整理ぐらいをしてた図書館係〟かもしらんけど、それにねえ、大中国の「建国の父」が〝弟子入り〟するはずがないでしょう？　君。

綾織　なるほど。

毛沢東　そういう嘘《うそ》つきに騙《だま》される傾向《けいこう》があるから、君はねえ、新聞記者をクビになるんだよ。

綾織　いやいや、一個一個、検証をしているところなのです。では、「違います」

ということは、証言として頂きました。

毛沢東　うん、逆はありえるよ。逆はあってもいいとは思うんだがな。

綾織　なるほど。そういうお考えだということも分かりました。

毛沢東　うん、うん。

スターリンや秦《しん》の始皇帝《しこうてい》に会うことはあるか

綾織　では、もう少し〝立派な方〟として、スターリンという方が、ソ連の最高指導者でいましたけれども。

毛沢東　ああー。まあねえ、確かに、同志であったときもあるわね。同志であったときもね。

綾織　はい。お話をされますか。

毛沢東　うーん、スターリンかあ。ずいぶん会ってないような気がするなあ。

綾織　ずいぶん会っていない？

毛沢東　ああ。何してるんだろうねえ。何してるって？　ああ、いや、消滅《しょうめつ》してるんだ、それは。消滅してるんだ。

綾織　消滅している？

毛沢東　うん。だから、会う必要はない。

綾織　ご自身が亡《な》くなってから、お会いになっていませんか。見たことはありませんか。

毛沢東　スターリン……。

綾織　毛沢東主席は、一九七六年にお亡くなりになっていますけれども。

毛沢東　スターリンは先に死んだんじゃなかったかな?

綾織　そうですね。スターリンは先に亡くなっています（一九五三年没《ぼつ》）。

毛沢東　うん。土に還ったんだろうよ。

綾織　なるほど。「存在していない」と。

毛沢東　「それで終わり」だよ。

市川　秦《しん》の始皇帝《しこうてい》には、会われたりしますでしょうか

（『秦の始皇帝の霊言　２１００　中国・世界帝国への戦略』〔幸福の科学出版刊〕参照）。

毛沢東　いや、それは、みんなの「知識」とか「心のなか」には生きてると思うよ、それはね。

ただ、実際には、そんなものは、もう、古びたカビみたいなものだから、そんな

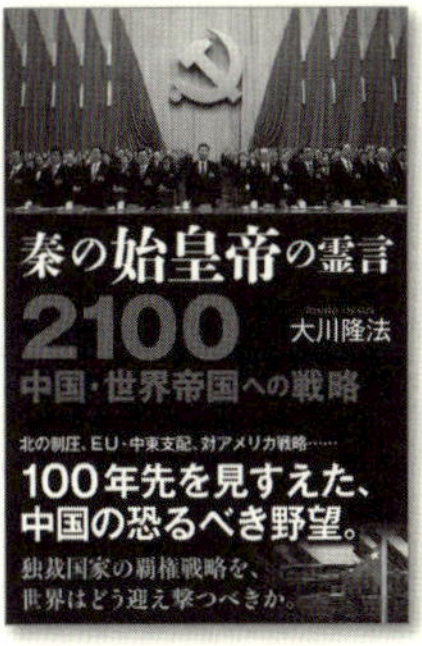

『秦の始皇帝の霊言　2100　中国・世界帝国への戦略』（幸福の科学出版刊）

ものは存在するわけないでしょう。

市川　では、主席は、今は会われていないという……。

毛沢東　だから、私は〝ヒマラヤの頂上〟にいるわけだから、そらあね。

斎藤　お一人で寂《さみ》しくないのですか。

毛沢東　「お一人」って、神はそんなものでしょう。

斎藤　ほお。しかし、習近平氏は、二〇一二年あたりから、党の規約改正のときには、「毛沢東思想については絶対に削除《さくじょ》はするな」と強く主張したりして、毛沢東回帰路線を進めました。

つまり、毛沢東様と習近平氏はつながっているということなのでしょうか。一人であっても通じ合って……。

毛沢東　いやあ、もう、「孫か曾孫《ひまご》か」っていうぐらいの感じの人だからねえ。私から見りゃあな。

斎藤　ああ。では、今、本当に関心のある方というのはいないのですか。心のなかに浮《う》かぶ人としては。

毛沢東　いやあ、今、君らの時代の人も、多少、知ってることを示したでしょうが。まあ、そういう神だからねえ、どこにいようと、全世界のいろんなことが分かるんだよ。

斎藤　それは、どこから伝わってくるのですか。

毛沢東　神だから分かるんだよ。

斎藤　おお……。では、その神も、人を犠牲《ぎせい》にしたり、二割の人、つまり、十億人だったら二億人ぐらいは減らさなければいけないとか、そうなってくるわけですよね。

毛沢東　神は人を犠牲にしたって……、神のために人間が働いとるんでないか。何言ってんだ。うん。

毛沢東は、あの世で隔離《かくり》されているのではないか

綾織　神として、〝ヒマラヤ〟では何をされていますか。

毛沢東　うん？

綾織　ずっと、静かにされているのですか。

毛沢東　やっぱりねえ、「いかにして世界革命を起こすか」を考えてる。

綾織　世界革命？　それは、誰かに伝えられたりしているのですか。

毛沢東　うーん、そうだねえ。私を尊敬している者は、それを感じ取るであろう。

綾織　感じ取る？　そのとおりに動いていますか。そういう人たちは、そのとおりに仕事をしているのですか。

毛沢東　うん。でも、中国が大躍進《だいやくしん》してるところを見れば、それを見習ってる者は多いんじゃないかなあ。

綾織　もし、一九七六年に亡くなったあと、本当に誰もいない、誰も話し相手がいないということであるならば、一つの仮説が成り立ってくるのですけれども。

毛沢東　ふーん。

綾織　ある意味、「隔離《かくり》されているのではないか。誰も会うことができない状態にあるのではないか」という仮説が成り立つのですけれども。

毛沢東　うーん、洞窟《どうくつ》生活はずいぶん長くやったからなあ。「隔離される」ということの意味は分かるが、隔離されるなら、私の場合は、女性がいっぱい侍《はべ》っていなければ、隔離は成り立たないんでなあ。

綾織　そういう状態でもないんですよね？　女性もいないわけですよね。

毛沢東　そういう状態でもないなあ。

綾織　なるほど。

毛沢東　もう、〝神になってしまった〟んだろうなあ。

綾織　ご自身としては、あまり楽しくない状況ではないのですか。

毛沢東　うーん……。

綾織　そういう、女性もいない。まあ、かなり、女性関係ではいろいろな話が出てきていますけれども。

毛沢東　あまりに偉くなりすぎたがために、「しかたがないなあ」とは思ってるんだが。この世にいたときは、闘争《とうそう》に続く闘争だったからねえ。

10　毛沢東思想が引き起こした大虐殺《だいぎゃくさつ》

「神」を自称《じしょう》する毛沢東の〝宗教的真理〟とは

斎藤　ただ、神であるにもかかわらず、八年前の霊言《れいげん》でのご発言によりますと、「宗教に対する考え方」という一つのテーマに対しては、「宗教に力を持たせると、国家転覆《てんぷく》の危機が来るんだ」ということで、非常に恐《おそ》れておられました。

毛沢東　おおー。

斎藤　非常に危険性を感じていたということもあるのですが、神であるのに、まったくもって宗教と乖離《かいり》している、距離《きょり》を取るというのは、どういうことなのでしょう。説明していただきたい。

毛沢東　君らが言ってる「宗教」って、何なの？

斎藤　先ほどから、「死んだら何もなくなってしまう」と繰《く》り返しておられますし……。

毛沢東　小さい。小さいなあ。

斎藤　小さい？　では、毛沢東様の考えられる「宗教的な真理」とは、いったい何ですか。

毛沢東　うーん、だから、「世界帝国《ていこく》をつくった者が神になる」っていうのが宗教なんだ。

斎藤　「世界帝国をつくった者が神となる」という思想ですね。それで、その神は何をするのですか。

毛沢東　うん？　何が。

斎藤　そうなった暁《あかつき》には。

毛沢東　だから、世界を支配して、万国《ばんこく》の労働者を平等にするんだよ。

斎藤　平等にしても、経済的発展がありません。繰り返しますけれども、先ほども言ったように、大躍進《だいやくしん》政策に失敗して、四千万人も五千万人も亡《な》くなってしまったり、今は貧困があったり、貧富の差も大きくなってきたりしていて、何も、一人ひとりの幸福につながっていないような気がします。

毛沢東　四千万、五千万が死んだって、その後、人口が十億増えてるんなら、別に、差し引き九億五千万ぐらいは〝私が増やした〟ことになるじゃないか。

綾織　中国の霊界《れいかい》には、「天帝《てんてい》」といわれる存在がいらっしゃるはずなんですけれども、天帝との関係というのは、どういう状態なのでしょうか。

毛沢東　そんなもの、会ったことがないから知らんなあ。

綾織　会ったことがない？　神様であれば、おそらく、友達になってもいいかなとは思いますけれども。

毛沢東　いやあ、神様には友達はいないんだよ。一人だから。神様は一人なんだよ。

綾織　ああ。一人ですか。

毛沢東　友達なんていない。

綾織　では、「最も偉《えら》い神様だ」ということなのでしょうか。

毛沢東　まあ、そういうことになろうね。

綾織　なるほど。

毛沢東　もう、人類の始祖になることを〝狙《ねら》ってる〟ぐらいだから。

綾織　狙っている（苦笑）。それは、狙ってなれるものなのですか。

毛沢東　そらあ、中国人が世界を支配すりゃあ、そうなるだろうよ。

綾織　なるほど。

「自分の姿なんか、鏡がないから分からんよ」

市川　ちょっと奇妙《きみょう》な質問で恐縮《きょうしゅく》なんですけれども。

毛沢東　（市川を指して）君、なんか若いねえ。若返ったんじゃないか。

市川　ありがとうございます（苦笑）。

毛沢東　なんか、ねえ？　なんか、若いじゃないかあ。

市川　いや、お世辞は大丈夫《だいじょうぶ》です。

毛沢東　眉《まゆ》、それ、付け眉か。

市川　いや、本物です。

毛沢東　あっ、本物なんか。

市川　はい（笑）。

毛沢東　ふーん、役者さんかと思ったがなあ。

市川　いや、お世辞をありがとうございます。

奇妙な質問なんですけれども、ご自分を神様だとおっしゃるのであれば、今は、どのようなお姿をされているのでしょうか。

毛沢東　（『マルクス・毛沢東のスピリチュアル・メッセージ』の表紙を見ながら）うーん、こんな偉大《いだい》な肖像画《しょうぞうが》とかがいっぱいあるから、こんなような姿をしてるんじゃないの？

市川　生前のようなお姿……。

毛沢東　鏡がないから分からんよ、自分の姿なんか。

市川　手が二本あって、脚《あし》が二本あるような、普通《ふつう》の感じなのでしょうか。

毛沢東　ええ？　そんなことは考えたこともないなあ。うーん。うーん。考えない。

綾織　大川総裁の肉体ではなくて、今、ご自身を実際にご覧になると、どういう霊《れい》体《たい》をされていますか。どういう状態ですか。

毛沢東　いや、死んだら土に還《かえ》るんだよ、本則は。だから、十四億人いようとも、みんな土に還れば、窯《かま》で焼いて人形をつくらないかぎり、体っていうのはなくなるんだ。唯一《ゆいいつ》、「神」という存在だけは存在するんだ。あとは「労働者」。

〝神〟と言いながらも、「人々に対する愛」が感じられない毛沢東

綾織　神様であれば、中国国民や、世界の人たちに対する愛があるべきですけれども、まったくそれを感じません。

毛沢東　愛があるじゃない。愛があるじゃない！　日本人を〝宦官《かんがん》国家〟にして、護《まも》ってやってるじゃない。「君たちが宦官であり続けるかぎり、どこからも侵《おか》されることなく生きていけるよ」ということで、護ってるじゃない。

綾織　仮に、日本が侵略《しんりゃく》された場合は、日本人を殺すわけですよね？　それは、まったく愛ではないですよね。

毛沢東　「日本が侵略された場合、日本人を殺す」？

綾織　粛清《しゅくせい》しますよね。

毛沢東　うーん……。そらあ、内部での権力闘争《とうそう》であって、私がやるわけではないから。

綾織　そういう状態に持っていくということですよね。

毛沢東　「銃口《じゅうこう》から革命が生まれる」という思想を遺《のこ》してるから、習近平《しゅうきんぺい》は何でもできるわけで、ありがたいわけだよ。（革命は）銃口から生まれるわけだから、香港《ホンコン》だろうが台湾《たいわん》だろうが、制圧しようとしたら、いざとなればやれる。簡単にやれるんで。私を神として祀《まつ》るかぎり。

綾織　ご自身の、そういう「建国時代の考え方」が今も続いているために、たくさんの人が虐殺《ぎゃくさつ》されています。そして、さらには、「それが世界に広がっていく」という未来が、おそらく、ご自身の心のなかにはあるようですが、それは天国ではありません。天国といわれる世界ではないですし、神様がいる世界ではないというのは分かります。

毛沢東　うーん……、いやあ、それは、君ら日本から見ればそうだし、日本の右翼《うよく》新聞から見りゃあ、そう見えるかも。

綾織　日本だけではないですね。地球的に見て、そうだと思います。

毛沢東　いやあ、日本人は、やっぱり、あくまでも悪魔《あくま》でなければならないのであって。だから、抗日《こうにち》映画をつくり続けることを、一生懸命《いっしょうけんめい》、〝叱咤激励《しったげきれい》〟しとるんだけど、だんだんに弱ってきつつあるんで。

綾織　弱ってきつつある？

毛沢東　うん、（抗日映画が）「面白《おもしろ》くない」っていうか、いつも同じだから。

綾織　そうですね。

毛沢東　悪い日本人が来て、目茶苦茶《めちゃくちゃ》……。悪い日本人が出てきては、中国の人を殺すっていうのを……。

綾織　今、視聴率《しちょうりつ》は悪いです。

毛沢東　まあ、国民は増えたからさあ、海外の情報も少し分かるようになってきたんで。日本への親近感がちょっと上がって、好感度が四割ぐらいになってきたとか言ってるから。

綾織　そういう国民に対する洗脳が効いているために、いちおう、「建国の父」ということで（国民からの）尊敬心があり、もしかしたら、天国なのか地獄《じごく》なのかが分かりにくい世界にいるのかもしれません。

しかし、「毛沢東主席は、実際には何をやったのか」「何を考えていたのか」「どういう国をつくりたかったのか」ということが明らかになれば、おそらく、クリアに地獄という世界に行くと思います。

毛沢東　いやあ、そういうことはあってはならないんじゃないかなあ。〝人類史のなかでの最大のヒーロー〟だからねえ。

綾織　うーん、そうですね。あなたのなかではそうだと思います。

毛沢東は宗教各派をどう見ているか

斎藤　ただ、「毛沢東思想が種となり、果実として生んでいるものは何か」ということを、われわれが真理の目から見たときに、一つ言えることがあります。

あなた様の死後、「マオイズム」というものがアジアに広がっていきました。例えば、カンボジアでは、ポル・ポトがこの思想を受け継《つ》ぎまして、ポル・ポト派という、約二百万人とも言われる人々を殺害した政権があったわけです。

このように、あなた様のつくられた毛沢東思想から、ポル・ポト派というものが生まれ、数百万人の方々が虐殺されたという果実を見ると、私は、どうしても、「神」というように感じることができません。

これはどのようになっているのでしょう。どのように評価しているのでしょうか。

毛沢東　その何百万という人は、〝西洋かぶれ〟した人たちなんでしょう？　それは、殺すっていうのは正しい行為《こうい》じゃない。

斎藤　文化大革命のときも、知識人をほとんど殺しましたし……。

毛沢東　うん、それは正しい。西洋は間違《まちが》ってるんだから、間違った思想を持って帰ってきたやつは、粛清されなきゃいけないでしょう。

斎藤　でも、「走資派《そうしは》」といわれる方々をはじめ、発展しようとした人たちも、資本主義の手先だと決めつけて、追放したり、殺害したり、粛清したりしたではありませんか。発展も否定したではないですか。

毛沢東　いや、今はもう、金儲《かねもう》けは別に禁止してないはずだよ。金儲けは、法律に反しないかぎり。

斎藤　でも、追放したりしたではないですか。鄧小平《とうしょうへい》もそうでしたけれども。

毛沢東　ええ？　それは、権力を掌握《しょうあく》するために闘争はあるわけだから、しかたない。

斎藤　いや、お寺でも何でも、すべて壊《こわ》したではないですか。

毛沢東　まだある寺もあるよ。まだ。

斎藤　確かに、寺も遺っていますけれども、「そういうことを指導していた方が、ポル・ポトのような人を生んだ種になっている」ということから考えますと、私たちは、あなた様の考えている建国の理想というものが、素晴《すば》らしいものだとは思えないのです。これについての自己総括《そうかつ》をしてください。

毛沢東　うーん……。イスラム教だって、お寺を壊して歩いて、仏像も壊して歩いてるんだよな。歴史的に、全部ぶち壊してきてる。そういうことを彼らはやって、それで何？　アラーの神があって、正しい世界宗教なのかい？　で、私たちも同じようなことを言ってるけど、それは「地獄の大魔王」に相当するのかい？　そりゃあ、おかしいわ。君なあ、人類は「平等」なんだよ。だから、これは、思想的に間違ってるんじゃないか？

綾織　イスラム教も間違っている部分があります。イスラム教も、その行動としては間違っていると思います。

毛沢東　うーん。まあ、今は廃《すた》れたけども、仏教を日本に伝えたのは中国なんだからねえ？　そらあ、こちらは〝先生〟なんだからさ。もとの立場に戻《もど》ろうとしてるだけなんだから。

市川　仏教はインドから来ましたので（苦笑）。

毛沢東　ええ？　インド？

市川　中国もまた、インドに学んだと思います。

毛沢東　インドには根づかずに、中国に来たわけだからさあ。インドでは滅《ほろ》んでるわけだから。インド（の仏教）は、イスラム教徒が侵攻《しんこう》して滅ぼしたんだからさあ。

お寺を全部壊してねえ。だから、憎《にく》むべきはイスラム教徒でしょ、君たち。ウイグルの人たちに、「寺院を壊し、僧侶《そうりょ》を皆殺《みなごろ》しにして、インドから仏教を駆《く》逐《ちく》してしまったのは、粛清したのは君たちだっていうことを知ってるかい？」って、やっぱり、訊《き》かなきゃいけない。

綾織　イスラム教としての反省は必要だとは思いますけれども。

毛沢東　そしたらねえ、タイの仏教徒たちが、「ええ、大丈夫ですよ。死んだら、みんな、涅槃《ねはん》に入《い》って、魂《たましい》なんかありませんから」と言って答えてくれて、「死ねば終わりですから」って言ってくれる。「この世だけ楽しければ、それでいいんです」って、きっと、タイの人たちは答えてくれるだろう。
仏教もそういうふうな〝邪教《じゃきょう》〟なんだよ、今。知っといたほうがいいよ。

綾織　まあ、そういうところも、確かにあります。

毛沢東　うん、うん。

毛沢東の考える「ヒーロー」像

綾織　すみません。先ほど、「ヒーロー」という言葉が出ましたけれども、毛主席が考えられる「ヒーロー」というのは、何ですか。

毛沢東　「国全土を蹂躙《じゅうりん》され、侵略されているなか、たった一人戦い続けて、国を取り返して、建国して、まとめ上げた」って。これは、もう、歴史上、こんな人はいないいんじゃないかなあ。

だから、さっき、「劉備玄徳《りゅうびげんとく》と曹操《そうそう》を足したような」って言ったけど、それでもまだ足りてない感じもする。それに、さらに、もうちょっと、何て言うか、シーザーか何かまで加えなければ、そうならない感じがするな。

綾織　まとめ上げるために、もしかしたら億の単位で国民が亡くなっても、それはヒーローであると？

毛沢東　それはねえ、いやあ、「結果よければすべてよし」なんだよ。

綾織　結果……。結果は全然よくないです（苦笑）。

毛沢東　いちばん人殺しをしたのは、そらあ、昔の神様も、人殺しはいっぱいしてますからねえ。

綾織　近現代において、おそらく、「最も国民を虐殺した指導者」というように言われていますので。

毛沢東　いやあ、スターリンには負けるかもしらんなあ。

綾織　ちょっと、正確な数字は分かりませんけれども、ほとんど変わらないと思います。

毛沢東　で、スターリンはどうなってんの？

綾織　●スターリンは、地獄の本当に底にいます。

毛沢東　ということになってるわけね？　まあ、そういうふうに言わないと、納得《なっとく》しないからね。国民の怒《いか》りが止まらない。

●スターリンは、地獄の……　『赤い皇帝 スターリンの霊言』（幸福の科学出版刊）参照。

綾織　いえいえ。これは、もう、何度も検証されています。

『聖書《せいしょ》』の次に発行部数の多い『毛沢東語録』で洗脳をかけた

毛沢東　国民の怒りが止まらないんで。スターリンは地獄へ行っているということにしないと収まらないんだ。私は尊敬されているから、そうならないんだけど。

綾織　その部分は、地上においては「洗脳」されていますし、もしかしたら、あの世に還った人たちにも、まだ「洗脳」が効いている可能性はあります。

斎藤　確かにそのとおりです。あなたへの「尊敬」じゃなくて、「洗脳の結果」なんじゃないですか。

毛沢東　いや、洗脳してんのは、君たちでしょう?

斎藤　いやいやいや。

毛沢東　君らは洗脳を仕事にしてんのよ。

斎藤　いやいやいや。私は編集系の仕事をしていますが、『毛沢東語録』の発行部数を調べると、それだけで六十億冊ぐらい出しているんですよね。これは『聖書《せいしょ》』に次ぐ第二位とか三位ぐらいのものすごい数なんですよ。

毛沢東　『聖書』は六十億冊もあるかなあ。

斎藤　いや、『聖書』はもっと出ています。

あなたは、『毛沢東語録』をそこまで刷って、しかも、それに従わない人を全員粛清していきました。これでは、「好きか嫌《きら》いか」ではなく、そういう状況下《じょうきょうか》になると、それに従わないかぎり生きていけないわけですから、先ほどの林彪《りんぴょう》のように、嘘《うそ》をつかなければ粛清されてしまうようなかたちになってしまいます。

それは、尊敬ではなく、「脅迫《きょうはく》的に民《たみ》をまとめていた」ということではないでしょうか。

毛沢東　それを聞いただけで、私がヒットラーよりよっぽど「上」だっていうことがよく分かるよね。

斎藤　いや、よっぽど「下」ですね（苦笑）。ヒットラーは、自分の語録のようなものを六十億冊まで刷りませんでしたから。

毛沢東　ヒットラー、あれは人殺しするだけで。私はちゃんと〝教育〟をして、納得するかどうか、「納得したら命は助かる。納得しないやつは殺される」と、ちゃんと本人に、自分の命を護《まも》るか捨てるかを自主的に決めさせているわけだから。これは素晴らしいじゃないですか。

綾織　それは本当に地獄そのものですよね。地上で地獄をつくり出したということでしょう。

斎藤　どちらにしても、「殺されるか、従うしかない」なら、それは、地獄そのものじゃないですか。

毛沢東　あのねえ、キリスト教徒から見たら、全世界の人が『聖書』を持って歩いているなんて、素晴らしいことじゃないですか。

綾織　日本では特にそうですけれども、左翼系の言論人がいて、やはり、国民にも洗脳し、毛沢東主席の実態を分からない状態にしています。その結果は天国なのか地獄なのかは分かりにくいですけれども、実際にその実態が明らかになれば、おそらく、地獄の世界に存在するだろうということは、すごくよく分かります。

「数は力なんだよ」と中国の人口を誇示《こじ》する毛沢東

毛沢東　でもね、とりあえずの目標は、キリスト教徒が二十億ぐらいはいるとか言ってるから、その数を超《こ》えなきゃいけないと思っているんで。私を信奉《しんぽう》する人の数がそれを超えたら、少なくともキリスト教の言う神よりは、「私のほうが力が上」っていうことになるからねえ。負けられないんだよな。

綾織　おそらく、習近平国家主席は、どこかの時点で毛沢東思想を捨てて、自分の帝国をつくると思います。そうなると、あなたの取り巻く環境《かんきょう》というものも、変わっていくと思います。

毛沢東　捨てないだろう。これだけ偉大な建国の父、捨てられないだろうなあ。「数は力」なんだよ。アメリカがいくら何と言おうとねえ、(アメリカの人口は)移民を入れても三億ぐらいしかいやしないんだ。三億しかいない。「十四億人やってみい」って言うのよ。できるか。あんな民主主義なんかでやってられるか。

斎藤　以前、習近平国家主席の守護霊《しゅごれい》霊言を収録したときには、彼も「数は力だ」ということで、「どんどん人を増やす。人口が武器だ」というようなことを言っていました。

人口をどんどん増やして、彼らからどんどん搾取《さくしゅ》しながら、人も他国から取ったりとかすると、どんどん増えるわけですけれども、これではまるで、ガン細胞《さいぼう》のようですね。要するに、ストップする機能が何もない細胞のようなものだと思います。そのように、ただひたすら増殖《ぞうしょく》して最高速度で伸《の》びていくだけだと、自然界の法則としては、どうしても自滅《じめつ》するような気もしますけれども、いかがでしょうか。

毛沢東　まあ、日本に中国人を二億人ぐらい移民させてくれれば、戦争はなく、平和的に統合できるから。

斎藤　それは、漢人と日本人を結婚《けっこん》させて、「ハーフ」の子供を増やしていって、国をなくすような政策を考えているのですか。

毛沢東　ハーフになるわけないでしょう？

斎藤　では、どういうことでしょうか。

毛沢東　だから、日本に移民して中国人のほうが多くなれば、日本は中国になるわ。

斎藤　（苦笑）それはとんでもない話になりますよ。

毛沢東　ええ。日本は支配されるでしょ？

斎藤　そうですね。数の原理で言えば。

毛沢東　まあ、這《は》い上がればいいわけだから。

11　毛沢東が目指す〝未来社会〟

今、国家主席にあるとしたらどういう政策を取るか

市川　もし、今、毛主席が習近平《しゅうきんぺい》氏に代わって国家主席にあるとしたら、どういう政策をしますか。

毛沢東　やっぱり、日本は〝宦官《かんがん》国家〟であることをあくまでも守らせることは大事だと思うな。今、ロシアがちょっとふらつきを見せているから、これに一喝《いっかつ》を入れてやらなきゃいけない。

市川　ロシアはぐらついていますか。

毛沢東　ぐらついてますねえ。

市川　それは問題ですか。

毛沢東　うーん。やっぱり「共産主義の理想を失った国っていうのは哀《あわ》れなもんだなあ」っていう気がするなあ。

綾織　ある意味、アメリカも合わせて、中国に対する包囲網《ほういもう》が完成しつつあります。そうすると、中国は四方を囲まれる状態になります。

毛沢東　そうかなあ、うーん……。アメリカ人の民主党員なんかはみんな、もうすぐ中国に移民してくるんじゃないかなあ。

綾織　そうしたい人たちもいるかもしれません。

毛沢東　中国はいいよ、大きくて。映画をつくっても大勢が観《み》てくれるよ。中国でヒットしたらねえ、八億人とか九億人とかが映画を観るようになるから、すごいよ。

綾織　ハリウッドでは、そう考えている人が多いようですね。

毛沢東　ねえ？　（アメリカでは）数としては、そんなには観てくれないだろ？　だから、大変なんだよ。

綾織　でも、アメリカも、ロシアと手を組んで中国包囲網をつくろうという動きになっています。

毛沢東　まあ、ＣＮＮが頑張《がんば》ってるから大丈夫《だいじょうぶ》だよ。そんな心配、要《い》らないよ。

綾織　ＣＮＮも、最近はトランプ支持の記者が増えていますから、変わっていっています。

毛沢東　いや、訴《うった》えてるんだろう？

綾織　まあ、訴えている人もいますけれども。

毛沢東　だから、メディアに訴えられる大統領なんて、アメリカじゃ恥《はじ》じゃないですか。ねえ？

綾織　おそらく、あなたの言う〝邪神《じゃしん》〟のトランプさんが包囲網を完成させれば、中国は、手を伸《の》ばしているところからあとに退《ひ》かざるをえない状況《じょうきょう》になっていくと思います。

毛沢東　ああ。まあ、〝エロ大統領〟で、ねえ？　〝他民族殺しの大統領〟で。まあ、ヒットラーが自由奔放《じゆうほんぽう》に振《ふ》る舞《ま》ったら、あんなふうになるだろう。

綾織　トランプ大統領は、他民族を殺してはいませんけれどもね（笑）。

中国国民の洗脳がいつ解けるかは分かりませんが、国民の洗脳が解け、習近平氏が、どこかで、その〝邪神〟のトランプ大統領と対決をして、権威《けんい》が揺《ゆ》らいできたあたりから、おそらく、毛沢東主席の権威も揺らいでいくという流れになるんじゃないかと思います。

毛沢東　習近平は私と一緒《いっしょ》で、〝清貧の思想〟で生きているからねえ。トランプタワーなんか建てずにね、清貧で、本当にちゃんと慎《つつ》ましく生きていますから。やっぱり、同志になれるように……。

綾織　いえいえ。習近平国家主席の一族は、裏では何百億円と稼《かせ》いでいると言われていますから。蓄財《ちくざい》しています。清貧ではありません。

毛沢東　まあ、フェイクニュースっていうのがあって、そういうことを言い回ってるらしいけど。

綾織　いえいえ。それは調査で、すでに明らかになっています。

政府にとって都合《つごう》の悪い歴史を消す中国の実態

斎藤　フェイクだと言うのであれば、あなたのほうがフェイクじゃありませんか。先ほどのお話にも出てきましたけれども、大躍進《だいやくしん》政策で四千万人、五千万人という人が亡《な》くなっているのも自分の失策なのに、自然災害説で収めてしまっています。

毛沢東　地震《じしん》が来たらねえ、よく死ぬんだよなあ。

斎藤　（苦笑）でも、それは、自分でとんでもない農法をやったから、大飢饉《だいききん》が起きているわけですよ。これでは自作自演じゃありませんか。

毛沢東　いやあ、中国で地震が来たら、震度3ぐらいでも、死ぬ人は本当にいっぱいいいるから。ちゃっちい家に住んでいる人たちはいっぱい死ぬし、洞窟《どうくつ》に住んでいい

●とんでもない農法……　作物を隙間なく植えることで収穫量を増やす「密植《みっしょく》」は、土壌を劣化させ、害虫が蔓延《まんえん》。さらに、「四害駆除《よんがいくじょ》」によるスズメの大量捕獲で、今度はイナゴが大量発生し、収穫量は大幅減となった。また、報酬を平等に分配する人民公社のシステムが労働意欲を低下させたことも、生産性を落とす要因となった。

る人は、入り口が塞《ふさ》がれたら、それで死ぬしさあ。いっぱい死ぬんだよ、君ぃ。

斎藤　そういうこともありますが、綾織編集長が言っていたように、とにかく、今、洗脳や真実の隠蔽《いんぺい》、こうしたものが国家としても非常に大きなものになっています。

「天安門事件《てんあんもんじけん》」でも、学生たちが民主化を求めて一生懸命《いっしょうけんめい》頑張ったのに、武力鎮圧《ちんあつ》されて千人単位で亡くなったという記録もあります。これは万人単位かという説もありますが、それをすべて完全に歴史から削除《さくじょ》しています。だから、「今の中国の若い人たちは天安門事件のことを全然知らない」というようになっているんですよね。

●天安門事件　1989年６月４日、中国・北京《ペキン》の天安門前にある大広場で、学生を中心とした一般市民が民主化を求める抗議デモを行ったのに対して、中国政府は人民解放軍を投入。戦車等を出動させて武力制圧し、市民に向けて発砲するなど、多数の死傷者を出した。「血の日曜日事件」ともいわれる。（上）武力介入が起きる直前の天安門広場。

毛沢東　〝素晴《すば》らしい国家〟じゃないですか。素っ晴らしいね。

斎藤　インターネットも検閲《けんえつ》して、中国政府にとって都合《つごう》の悪いものはすべて消していきます。そうやって、歴史を〝消して〟いるんです。「これのどこが神なんですか」という気持ちが私には強くあります。

毛沢東　十何億もいてねえ、そのなかの大多数の人がスマホや携帯《けいたい》電話を持っているなかで、それだけの情報管理ができるというの、これは完璧《かんぺき》な未来社会ですよ。ねえ？　日本にもできないし、アメリカにもできない未来社会が、そこに出現している。グーグルにも負けない。すごい国家なんだよ。うん！

斎藤　あと、あなたは若者を紅衛兵《こうえいへい》としてどんどん利用して使ったのに、都合が悪くなると、「向こうへ行け」ということで「下放《かほう》」させて、地方の農村へ追いやり、全員、〝捨てたり〟とかされているじゃありませんか。そのことを思うと、私はもう本当に胸が苦しくなります。

毛沢東　それがどうしたの。

斎藤　あなたには、若者に対する愛はないんですか。

毛沢東　いや。若者は、やっぱり、都市部で豊かに暮らした分、地方に行って頑張れというだけだよ、うん。

斎藤　そういう意味では、あなたは、ご自身のことを「神」とおっしゃっていますが、人々の苦しみや情報操作によってできた未来というものは、いったい、天国と言える世界なのかどうかということを感じるわけです。

毛沢東　君たちはねえ、未来が見えてないんだなあ。アメリカの民主主義は、「大統領」より「新聞」のほうを信じるみたいなところから始まっているからさ、君らはメディアに対して甘《あま》すぎるんだけど、メディアっていうのは、基本的には「破壊《はかい》工作」しかしないんで。「破壊工作をして、その支配者の悪口を言っている者が正義」っていうような考え方って、倒錯《とうさく》していると思わないか。

やっぱり、みんなが選んだ人であったら、その人を崇《あが》めるべきであって、それに悪口を言うやつが悪いやつなんだ。それは駆逐《くちく》しなきゃいけないんだよねえ。論理的にはそうでしょう。

だから、君たちは「倒錯の世界」を生きているんだよ。あのねえ、性的にも本当に倒錯してるわ、完璧にね。それはおかしいんだよ。頭がいかれてるんだよ。

私たちはそれを克服《こくふく》して、十四億人の大国家でもって、メディアも全部統制できて、個人の小さなメディアまで統制できるようになった。これはもう「完全な未来社会」が到来《とうらい》してるんだよ。アメリカなんんか、もう敵じゃないんだよ。

綾織　そうした、今の中国の抑圧《よくあつ》・弾圧《だんあつ》の政策自体を、ある意味、ご自身が考えられ、それを指導し、実現されているということなんでしょうか。

毛沢東　基本は、それは〝口封《くちふう》じ〟でしょう。政治の基本は〝口封じ〟で、「死人に口なし」ですよ。

綾織　なるほど。毛沢東さんが、今の中国の政策にかなり密接にかかわっているということは非常によく分かりました。

毛沢東　ここまで芸術的にできたことはないんじゃないかなあ。

綾織　確かにそうですね。あらゆる最先端《さいせんたん》の技術をそこに投入していますからね。

毛沢東　そうそうそう。まあ、北朝鮮《きたちょうせん》もまねしようとしているようだけど、はるかに落ちるわなあ。

綾織　なるほど。ジョージ・オーウェルの小説『１９８４年』の世界を、まさに現実につくり出したということですね。

毛沢東　ふうん。まあ、未来社会だと思うね。だから、一部のメディアが権力を持つことはできないんだよ。やっぱり労働者を洗脳することは不可能なんだよ。

毛沢東が習近平《しゅうきんぺい》に授《さず》ける「中国包囲網《ほういもう》を破る手」とは

市川　今、中国包囲網《ほういもう》ができていますけれども、もし、習近平《しゅうきんぺい》国家主席に、この中国包囲網を破る手を授《さず》けるとしたら、どのようなことが考えられますか。

毛沢東　国際メディアなるものを信用してはいけませんね。自分がやりたいことをやり通す。「信念を通すことが大事だ」っていうことだよなあ。

だから、やっぱり、そろそろ、〝中国の恐《おそ》ろしさ〟を知らしめるべきでしょうねえ。二、三の国を占領《せんりょう》して、「もう黙《だま》っとれ」と言わないといけないんじゃないかなあ。

綾織　では、どこを占領しますか。

毛沢東　例えば、マハティールの老いぼれが出てきたようなところは、あんなの、いきなり攻撃《こうげき》して〝国をぶっ潰《つぶ》す〟とか、やったほうがいいんじゃないですか？

綾織　ああ、マレーシアですか。なるほど。そういうことをアドバイスされるということですね？

毛沢東　いやあ、〝怖《こわ》い〟ぐらいじゃないと駄目《だめ》ですよ。

綾織　なるほどね。

市川　今、大川隆法総裁先生によって、二〇二五年から二〇五〇年のあたりで第三次世界大戦の危機も予見されているのですけれども、そちらについてのご意見やシナリオ等は何かありますか。

毛沢東　いやあ、私なら、習近平みたいに優柔不断《ゆうじゅうふだん》はしないんで。北朝鮮とアメリカが米朝合意で核《かく》兵器削減とか言ってるけど、こんなの、一方的な〝奴隷拘束《どれいこうそく》宣言〟じゃないか。そんなこと、されてたまるか。
そんなことをするぐらいだったら、北朝鮮に圧力をかけて、「ありったけの核ミサイルを、アメリカおよびグアム、ハワイも含《ふく》めて撃《う》ち尽《つ》くせ」って言いたいねえ。そうしたら、アメリカは反撃してくるだろう。反撃してきたら、あまりの反撃の大きさに国際世論《せろん》が沸騰《ふっとう》して、「何という危険な国だ」っていうようなことになって、アメリカを責める波動《はどう》が強くなり、トランプの任期は短くなるだろう。
そして、中国はおとなしく何もしなかったがゆえに、「次の大国」になる。アメリカは没落《ぼつらく》する。

綾織　もう中国が攻撃した時点で、世界から非難が来ます。

毛沢東　中国は攻撃しないんだよ。北朝鮮が攻撃するんだよ。

綾織　あっ！　「北朝鮮にさせる」ということですか。

毛沢東　（北朝鮮に）させるんだよ。なんでさせないんだ？　あれ。

綾織　ああ、なるほど。

毛沢東　だから、「食糧《しょくりょう》と燃料を止めろ」とかさあ、アメリカの圧力に屈《くっ》するようなことがあるから、弱腰《よわごし》だと言ってんだよ。「撃ち尽くせ」ということだね。「もう徹底《てってい》的に撃って撃って撃ちまくって、それで玉砕《ぎょくさい》せよ」という命令だな。「（北朝鮮は）二千万人玉砕して中国を護《まも》れ。そして、アメリカを悪者にしてしまえ」ということだな。

綾織　なるほど。毛沢東主席は、習近平氏にもそういうアドバイスをかなりされているということですが、ある意味で、あなたが今、中国のあの世での〝トップ〟にいらっしゃるということがよく分かりました。

毛沢東　あの世でのトップ……。

綾織　〝あの世において〟ですね。
そういう国は、やはり、国連の常任理事国であるべきではないし、もしかしたら、国連から脱退《だったい》しないといけないレベルかもしれません。
また、世界的な正義から見ても、非常に「悪」と言わざるをえない国となってしまいます。

毛沢東　それは無理だろうな。「アメリカの正義」も同時に失われるからなあ。アメリカは、「中国を助ける」っていうことで正義を言っていたわけだからなあ。

綾織　それは違《ちが》うと思います。そういう無用な戦争を起こす国に対しては、やはり、アメリカは行動するしかないと思います。

毛沢東　それだったら、やっぱり、ヒットラーやムッソリーニや東條英機《とうじょうひでき》が、「反共」で三国同盟を結んでいたということが正しいことになっちゃうから、それはいかんわなあ。彼らは間違ったことになってるんだからさ。

綾織　もしかしたら、そのへんも見直される可能性はあります。

毛沢東　君らは、〝宦官国家〟を守り抜《ぬ》き、死守しなさい。そうすれば、君らの命は生き長らえる。

綾織　幸福実現党の党首は、モノが付いていない人は大嫌《だいきら》いですので、頑張ると思います。

毛沢東　あ！　宦官でもないんだ、ありゃあ。あれは宦官でもないか。あれは、宦官でもねえんだなあ。

今ねえ、世界はそちらの方向へ動いているから。男が男でなく、女が女でない時代に動いているからさあ、「全世界〝総宦官化〟計画」が、今、進んでるんで、戦えない国がいっぱい出てくるよ。

綾織　幸福実現党の党首は、そういうのがいちばん嫌いですので、頑張ると思います。

毛沢東　幸福実現党の党首は、なるべく早くねえ、韓国《かんこく》かタイに行って、付けるべきモノを付けてもらってきたらいいよ。うん、そうしたら、すっきりするよ。

綾織　いいえ。それはないと思います。

毛沢東　ああ?

綾織　女性として頑張られると思います。

「私は一千年後、二千年後まで、建国の父として仰《あお》がれることになる」

綾織　最後になりますが、こういう霊言《れいげん》の機会というのは、もう二度とない可能性が高く、非常に貴重ですので、この場で、もし、ご自身が今に至るまでに反省する点があれば、それをおっしゃっていただくと、もう少し明るい世界に行ったりする可能性はあります。

毛沢東　うーん、まあ……、失敗があるとしたら、やっぱり江青《こうせい》あたりのあれだがなあ。あんな悪妻が悪評を流したのが、ちょっと失敗だったかな。うん、それはちょっと失敗だったかも分からん。

綾織　それは、非常に小さい話ですね。

毛沢東　習近平にもその傾向《けいこう》はあるかもしらんから、気をつけなきゃいかんな。うん。

綾織　では、ご自身としては、特段、考えを改める部分はないということですか。

毛沢東　いや、〝神〟として完成したんじゃないかな。ほぼ完全に。完成したんじゃないかなあ、ああ。

●江青（1914～1991）　中国の政治家。毛沢東夫人。初めは女優として活躍していたが、後に中国共産党へ入党。1939年に毛沢東と結婚し、文化大革命を扇動《せんどう》したが、毛沢東の死後、逮捕《たいほ》された。

綾織　完成されている?

毛沢東　うん。
まあ、マルクスはどうなっとるんだね?

綾織　無間地獄《むけんじごく》といわれるところにいます。

毛沢東　(『マルクス・毛沢東のスピリチュアル・メッセージ』の表紙を見せながら)いやあ、立派な顔をしてるじゃないか。これねえ、ユーロか何かの肖像《しょうぞう》にしてもいいんじゃないのか。ねえ?

綾織　まあ、いちおう……。

毛沢東　私は、まだまだ一千年後、二千年後まで、「建国の父」として仰《あお》がれることになるからね。

綾織　おそらく、実態が明らかになって、天安門のあの肖像画が取られる時期が、どこかで来ると思います。そうなったら、たぶん、誰《だれ》かが導きをしに来ると思いますので、そういう人の話を聞いてほしいと思います。

毛沢東　いやいや、君ら〝エセ民主主義者〟にねえ、そんな説教されるような私ではないんで。

12　毛沢東の「世界観」「宇宙観」

裏宇宙の「ダークマスター」の存在とは？

毛沢東　私はミッションがあるからね。地球をねえ、裏宇宙が吸収するっていう大きなミッションがあるから。

綾織　おお。裏宇宙の存在からアドバイスをされていますか。

斎藤　この段階になって、ようやく何か分かってきました。最後の最後のギリギリになって見えてきたものがあります。

今のミッションとしては、「地球を裏宇宙に吸収させる」ということですか。

毛沢東　いや、今ねえ、宇宙は「パラレルワールド」ができているらしいんだよ。

斎藤　パラレルワールド？

毛沢東　だから、「表」と「裏」、どっちが「表」でどっちが「裏」かは分からんけど、地球っていうのはサッカーボールみたいなもんなんで、この「なか」と「裏」、外側はねえ、本当の力を使えばね、これは一気に引っ繰《く》り返せるようになっていて……。

綾織　引っ繰り返す？

毛沢東　こんなの、常識では考えられないことだけど。それが〝引っ繰り返る力〟、それはやっぱり、「その信者の数」なんだって。

綾織　それは、誰《だれ》から教えてもらっていますか。

毛沢東　いやあ、分からんけど。まあ、そうらしいんだよ。何か分からないけど。

綾織　そう言われる？

毛沢東　うーん、そうらしいんだよ。だからね、まあ、嘘《うそ》だろうけど、あんたがたが地獄《じごく》だ何だ言っているの、それは「サッカーボールのなか」なんだよ。

内側は真っ黒になっていて、暗いから光が射《さ》さないように見えるけど、それが一定の数、半数を超《こ》えたときに、「裏」と「表」が引っ繰り返って、「表」と思うものが「裏」になり、「裏」が「表」になる世界らしい。

綾織　それは、宇宙的な存在から、何かアドバイスを受けているんですか。

毛沢東　うん？　その「宇宙的存在」という意味はよくは分からないけれども。宇宙の本質は暗黒なんだよ。

綾織　暗黒？

毛沢東　ああ。だから、君らは、最近の学習をすれば、「ダークマター」というのが存在すると聞いているだろう？

綾織　ダークマター。はい。

毛沢東　そのダークマターっていうのが、宇宙の七割から八割（以上）は占《し》めているんじゃないかと言われていて（注。現代科学では、宇宙全体の観測できる物質は一割に満たず、残りの約九割は観測できないもの（ダークマターは約二割、ダークエネルギーは約七割）が占めていると考えられている）。昔の時代は、エーテルが宇宙を占めているって言われていたけど。
そのダークマターを操《あやつ》っている者こそ、「ダークマスター」なんだよ。

綾織　ダークマスター？

毛沢東　ああ。

綾織　では、その存在を認識されているわけですね？

毛沢東　そのダークマスターはね、実は、私とねえ、どうも同じ人物だっていうことがだいたい分かってくる。

綾織　同じ？　では、〝つながっている〟状態なんでしょうか。

毛沢東　ああ。地球を任されているわけで、私には。

綾織　なるほど。

斎藤　だから、最初からずっと「地球、地球」と言っているわけですか。

毛沢東　だからねえ、私こそが〝地球神〟なんだよ、本当は。

綾織　なるほど。ちょっと、その〝地球神〟は置いておきますが、地球の「裏」と「表」の価値観を全部引っ繰り返そうとしているわけですね？

毛沢東　宇宙の七、八割を占めているのがダークマター。だから、こちらが〝本当の神〟なんだよ。

斎藤　なるほど。

毛沢東　「光」だ何だ言っているやつは、それは太陽の周りにチョロチョロとある世界のことを言っているんだろうと思うが、それはねえ、「宇宙の一部」なんだよ。あとは「暗黒」なんだよ。

綾織　ちなみに、「レプタリアン」という名称《めいしょう》を聞いて、どう思われますか。

毛沢東　ああ、レプタリアンねえ……。そういう兵士たちもいるとは聞いているが。

綾織　兵士？　兵士として使っている状態なんですね。

毛沢東　うーん。ただ、それは「表か、裏か」という言い方では分からんなあ。いっぱいいるから。どこにでもいる。アメリカにも中国にも日本にもいるから、分からん。うん。

「暗黒こそ真実」と語る毛沢東

綾織　ダークマスターの名前を聞いたことはありますか。

毛沢東　うん、うん。私は「毛沢東」と言うけどね、向こうは「マオツァイツェン」と言うらしいから。

斎藤　（笑）

綾織　うーん……。おそらく、その存在に操られているところがあるのではないかという感じがします。

毛沢東　今、地球を引っ繰り返せるとしたら、私しかいないんだよ。これを〝正常な宇宙〟の秩序《ちつじょ》に戻《もど》そうとしてるから。

綾織　なるほど。「地球の価値観をすべて引っ繰り返すという狙《ねら》いがある」ということは、今日の話で非常によく分かりました。

毛沢東　そりゃそうでしょう。そりゃそうでしょう！　でなければ、〝他人《ひと》の悪口民主主義〟で世界を牛耳《ぎゅうじ》ろうとするマスコミが、「表」の世界にいることになるから。もう、それは「終わり」にしようとしているんで。

綾織　「自由・民主・信仰《しんこう》」をすべて引っ繰り返すということですね。これらが存在しない世界をつくっていくということですね。

毛沢東　暗黒こそ真実。

斎藤　（苦笑）「暗黒こそ真実」ですか。

綾織　「自由・民主・信仰」をなくして、暗黒にすると。

斎藤　なるほど。これが〝神の考え〟ですね。

毛沢東　それが宇宙の真実だ。夜空を見ればいい。暗黒こそ真実。星なんか、点みたいにしかない。

斎藤　ダークマター、ダークエネルギーが八割で、そこにあるものこそが「強い」ということですね。

毛沢東　うん。だから、君らがやっていることは虚《むな》しいことなんだよ。「なるべく水をきれいにして、蛍《ほたる》を増やそう」という運動をやっているんだ、君たち。つまらん仕事だ。

「君たち、中国の逆襲《ぎゃくしゅう》を期待したまえ」

綾織　何を目指しているのかということが非常によく分かりました。「毛沢東主席がどういう世界にいて、どういう存在で、今、何をされているか」ということも非常によく分かりました。本当にありがとうございます。

毛沢東　まあ、君たち、〝中国の逆襲《ぎゃくしゅう》〟を期待したまえ。プーチンごときでは引っ繰り返らんからね。

綾織　四方から囲まれると、どうなるかは分からないと思います。

毛沢東　せいぜい〝ウイグルの味方〟でもしてるといいよ。そうすると、百万人ぐらいは殺されるから。君らが言えば言うほど殺すから。

綾織　やはり、中国には「自由」が必要だと思います。

毛沢東　自由なんか与《あた》えちゃ駄目《だめ》だよ。〝無明《むみょう》の民《たみ》〟には自由を与えちゃいけないんだよ。「拘束《こうそく》」しかないんだよ。拘束衣を着せて、自由を奪《うば》う。

綾織　国民全体がそういう状態だということはよく分かりました。

毛沢東　うん。せっかく十四億人を〝奴隷《どれい》〟にしたんだから、頑張《がんば》らなくちゃ。

綾織　奴隷ですね。

毛沢東　うん。

斎藤　はい、分かりました。

毛沢東　うん、まあ、いいかな。

斎藤・綾織　ありがとうございました。

13 「地球の悪魔《あくま》の頂点」にいると見られる毛沢東

尊敬の念によって存在できている毛沢東

大川隆法　（手を二回叩《たた》く）まあ、大物であると言えば大物ですね。マルクスもスターリンも地獄《じごく》にいると認定されたのに、この人は最後まで「自分は神だ」と言い張っていました。そういうところは、ある意味ではすごいでしょう。

中国では、彼に対する尊敬がまだ残っているがために、一定のエネルギー磁場《じば》を持っているのだろうと思います。

綾織　ああ……。

大川隆法　この人の不正や間違《まちが》っていることが暴《あば》かれて、天安門《てんあんもん》広場の毛沢東の肖像画《しょうぞうが》などがすべて焼かれてしまえば変わるでしょうが、まだ尊敬の念がバリアのように護《まも》っているので、何となく存在できているのではないかと思います。

綾織　そうですね。鄧小平《とうしょうへい》の場合は、そういう洗脳の部分が少ししかありませんでした。

大川隆法　いや、毛沢東が鄧小平に嫉妬《しっと》したのではないですか。それで、あっさりと地獄に堕《お》としたのではないでしょうか。

綾織　あっ、「堕とした」のですか。

大川隆法　「自分は経済で失敗したのに、成功しやがって！　この野郎《やろう》！」という感じで、バンと足を引っ張って堕としたような印象を受けます。

この人（毛沢東）は、自分がどこにいるのかを分かっていない感じなのです。ただ、最新の情報も多少は入っているようなので、その仕組みはよく分かっていないと思われますが、「神になったから分かるのだろう」と認識しているらしいですね。

綾織　はい。

映画「宇宙の法――黎明編《れいめい》――」に登場する「ダハール」の役割をしている

大川隆法　これが今、地球の悪魔《あくま》の頂点かもしれません。

斎藤　毛沢東がですか？

大川隆法　おそらく、悪魔の頂点なのではないですか。

斎藤　はあ……！

綾織　確かに、変な意味での信念というか、固いものがあります。

大川隆法　これが地球の〝ゴッドファーザー〟ですね。

また、宇宙からも力が働いているようなので、何か続きがあるらしいということでしょう。

綾織　そうですね。

大川隆法　要するに、「人類の半分以上を自分の支持者で固めたら、地球は引っ繰《く》り返る」と見ているということです。これは、「中国に宇宙からの侵略《しんりゃく》の手が出ている」ということと、何か関係があるのではないでしょうか。

綾織　なるほど。

大川隆法　まあ、幸福の科学の映画「宇宙の法―黎明《れいめい》編―」（製作総指揮・原案大川隆法／二〇一八年十月公開）になぞらえて言うならば、「ダハール」のような役割をしているということですかね。

とにかく、まだ改心させることができないぐらいの、「大きなエネルギー磁場」があるらしいということは分かりました。もう少し地球を支配できたら、地球神を名乗りたいという感じでしょうか。

綾織　それは何としても阻止《そし》しなければなりません。

●ダハール　映画「宇宙の法―黎明編―」に登場するキャラクターで、地球神の計画を阻止しようとする邪悪な宇宙人。

当時の知識人やマスコミのトップはみな洗脳されていた

大川隆法　いまだに、マルクスの像が中国からドイツに贈《おく》られて、飾《かざ》られたりするぐらいですからね。

綾織　はい。

大川隆法　そういう意味では、価値観の戦いがまだ終わっていません。私ですら、新聞や雑誌に「巨星墜《きょせいお》つ」という感じで毛沢東の記事が載《の》っているのを見て、「ほお。偉《えら》い人が死んだのだなあ」と思い、慌《あわ》ててエドガー・スノーの毛沢東伝（『中国の赤い星』）を読み出したりしたぐらいだったのです。そのとき、私はまだ二十歳《はたち》前後でした。

当時の知識人たちはそうとう洗脳されていたはずですし、私の上の世代はみなやられていると思います。マスコミのトップ等も、みな洗脳されていたのではないでしょうか。

それに、大学ではまだ「マルクス経済学」を盛《さか》んに教えていた時代でした。こういう状況《じょうきょう》は世界のなかでも日本ぐらいだと思われます。当時は「マル経（マルクス経済学）」か「近経（近代経済学）」か、どちらかを取れたのです。「マル経」は数式が出てこないので、文系的な人が取ることが多かったと思います。近代経済学とマルクス経済学の両方を学べた時代だったわけです。どちらでも単位が取れました。

そういう意味では、この世代が〝全滅《ぜんめつ》〟しないと駄目《だめ》なのかもしれません。

宇宙の果てまで戦いは続く

大川隆法　とにかく、どうも「悪魔の親分格」のようですね。

ただ、時代的に新しい人なので、秦《しん》の始皇帝《しこうてい》レベルまで行っているかどうかは分

●秦の始皇帝　2017年10月21日に収録した「秦の始皇帝の霊言」のなかで、始皇帝は中国を支配する最大級の悪魔であることが判明している。『秦の始皇帝の霊言　2100中国・世界帝国への戦略』（前掲）参照。

かりません。時間がたって古くなってくれば、だんだんに〝悪魔的な自覚〟が出てくるのではないでしょうか。

綾織　なるほど。変わっていくということですね。

大川隆法　人間としての意識が強いために、まだ実際にやっているつもりでいるのでしょう。

斎藤　はい。

大川隆法　したがって、まだ完全に〝悪魔の自覚〟までは行っていないかもしれませんが、現代社会においては、おそらく〝チャンピオン級の悪魔〟であろうと推定します。

要するに、中国の国家自体が、「自由・民主・信仰《しんこう》」、あるいは「信仰・自由・民主」の国家に変わらないかぎり、これは崩壊《ほうかい》しないわけです。

そういうことで、方向はだいたい見えました。「宇宙の果てまで続く戦い」のようです。頑張《がんば》らなくてはなりませんね。

質問者一同　ありがとうございました。

第2章　毛沢東《もうたくとう》　追加霊言《れいげん》

著者校正・「まえがき」「あとがき」執筆《しっぴつ》後登場

二〇一八年十二月二十八日　収録

幸福の科学　特別説法堂《せっぽうどう》にて

質問者　※質問順

大川紫央《おおかわしお》（幸福の科学総裁補佐《ほさ》）

神武桜子《じんむさくらこ》（幸福の科学常務理事　兼《けん》宗務《しゅうむ》本部第一秘書局長）

［役職は収録時点のもの］

1　突然《とつぜん》、毛沢東《もうたくとう》の霊《れい》がやって来た理由

「本を出さないでほしい」と頼《たの》む霊人《れいじん》

毛沢東　うーん……。

大川紫央　あなたは誰《だれ》ですか？

毛沢東　うーん……。うーん。

大川紫央　毛沢東《もうたくとう》？　じゃない？

毛沢東　うーん。

神武　你好《ニーハオ》。

大川紫央　你是中国人吗《ニーシージョングォレンマ》（あなたは中国人ですか）？

毛沢東　うーん。

大川紫央　你是日本人吗《ニーシーリーベンレンマ》（あなたは日本人ですか）？　あなたは中国人ですか？

毛沢東　うーん……。本、本、本。

大川紫央　本？

神武　毛沢東？

毛沢東　うん。

大川紫央　嫌《いや》なんですか？

神武　毛沢東の本が？

毛沢東　出さない……。

神武　出さないでほしい？

毛沢東　うん。

神武　なぜですか？

毛沢東　困る。

神武　「困る」？　なぜ？

毛沢東　困る。

神武　（この「毛沢東の霊言」の本が）出たら、どんなところが嫌なんですか？

毛沢東　うーん、中国……。困る。

神武　中国が困る。

毛沢東　うん、困る。

大川紫央　もうちょっと、頭がよいのなら明確にしゃべってもらえませんか。

毛沢東　バカにするな。

神武　「用件」を簡潔《かんけつ》にお願いします。

毛沢東　「用件」は簡潔に言ったじゃない。出すな。

神武　出します。

毛沢東「出すな」って言っただろう。

大川紫央　だから、なぜ困るんですか？

毛沢東　孤立《こりつ》するから。

神武　孤立する？　中国が。

毛沢東「おまえたちが」だ、何を言ってる、バカ。

大川紫央　習近平《しゅうきんぺい》さんですか？

毛沢東　バカヤロウ！　おまえらは間違《まちが》ってる。間違って、ドイツまで行って間違ったことをした。

「日本は共産主義になるしかない」と主張する

毛沢東　世界は「共産主義」に向かってるんだよ。

大川紫央　いや、「向かってない」ですよね。

毛沢東　日本はいくらやっても発展しないから、「共産主義になるしかない」んだよ。

大川紫央　じゃあ、あなたの名前は？

●ドイツまで行って……　2018年10月7日、ドイツを巡錫《じゅんしゃく》し、“Love《ラヴ》 for《フォー》 the《ザ》 Future《フューチャー》”と題して英語講演と質疑応答を行った。そのなかで、ドイツの外交政策に関して、「コンテイニング・チャイナ（中国封じ込め）戦略」を提言した。

毛沢東　だから、宇宙の……「神」なんだ。

大川紫央　カンダハールですか？　カンダハールは、こんな弱々しいんですか？

毛沢東　そんなことはない。倒《たお》しているんじゃんか。おまえの夫はもう、倒れてもうすぐ死ぬ。

大川紫央　私の夫じゃなくて、「神様」です。

毛沢東　いや、もう終わりだ。

神武　終わらないですよ。

●カンダハール　幸福の科学の宇宙人リーディングによって明らかにされた、「地球侵略の総司令官」のこと。宇宙の邪神《じゃしん》（アーリマン）が使っている司令官（悪魔）の一人で、その正体は大きなクモのような姿と推測されている。『宇宙人による地球侵略はあるのか』（幸福の科学出版刊）等参照。

毛沢東　終わったんだ。今年でもう、命日《めいにち》がカウントされる。来年があると思うなよ。

大川紫央　なぜないんですか？

毛沢東　だから、タイに行って殺される前に、殺しに来たんだからさ。

大川紫央　でも、死なないですよ。

毛沢東　もうすぐ死ぬよ。

神武　それは、おたくさまのほうじゃないですか？「毛沢東の霊言《れいげん》」が出て、〝死

●タイに行って……　2019年1月にタイ巡錫を予定していたが、霊言「タイ小乗仏教の悪魔との対話」(2018年11月17日)で明らかになった霊的状況と、同国の王室と軍事政権下における言論の制約状況、およびタイで2019年に予定されている総選挙等による政情不安定化を考慮《こうりょ》して中止した。

にそう〟なんじゃないですか。

「NHKを支配しているもの」と名乗る

毛沢東　おまえたちは、もう敗れとるの。おまえたちの映画は敗れて、おまえたちの書籍《しょせき》は敗れ、出版局は敗れ、教団はもう敗れたんだよ。「一人仕事」は終わったんだよ。天国に召《め》されたらええよ。

大川紫央　でも、「本を出してほしくない」って言うのであれば、あなたたちのほうが劣勢《れっせい》じゃないですか。

毛沢東　うーん。おまえたちの天国は「無間地獄《むけんじごく》」という天国だ。

大川紫央　あなたは毛沢東ではないんですか？

毛沢東　私は〝NHK〟だ。

大川紫央　なんで〝NHK〟なんですか？

毛沢東　〝NHK〟を支配しているものだ。

大川紫央　なぜ宇宙の神が「NHK」を名乗るんですか。

毛沢東　NHKはねえ、出口は〝ツーツー〟なの。

神武　あなたの名前は？　宇宙の神だったら自分の名前ぐらい知ってるでしょ。

毛沢東　うん？　〝幸福実現テレビ〟だ。

大川紫央　あなたは毛沢東ですか、結局。

毛沢東　まあ、うーん、あるな。うーん。とにかく、君たちの力は蟻《あり》みたいなもんだから、もう。

大川紫央　じゃあ、わざわざ「本を出すな」とか言いに来なくてもいいじゃないですか。〝ちっちゃい〟んでしょ？

毛沢東　だから、「中国と日本の貿易は減って、日本の不況《ふきょう》は進んで、NHKが中国の報道できなくなるから、やめろ」と言ってるんじゃないか。

「日本は来年明けに尖閣《せんかく》、沖縄《おきなわ》が占領《せんりょう》される」

神武　毛沢東さんは、宇宙ではどの星出身とかあるんですか。

毛沢東　そんなことは言えるわけがないだろう。

大川紫央　白鳥座《はくちょう》じゃないんですか？

毛沢東　私たちは「宇宙の九十パーセントを占《し》めているもの」である。とにかく「日本人皆殺《みなごろ》し計画」を今進めてるところだ。

大川紫央　この間、「毛沢東の本が出されたら嫌がるだろう」って、ヤイドロンさんが言ってましたよ。

●ヤイドロン　幸福の科学のUFOリーディングにより発見された宇宙人。ゼータ星の姉妹星である「エルダー星」のレプタリアン系の種族。現在、地上に下生《げしょう》しているエル・カンターレの外護《げご》的役割をしている。本書第1章「毛沢東の霊言」の収録を勧《すす》めた一人。『「UFOリーディング」写真集』(幸福の科学出版刊)等参照。

毛沢東　そんなもの影響《えいきょう》はねえから。おまえらのちっぽけな〝零細《れいさい》出版社〟なんか、そんなもん、何にも弾《たま》は届かない。

大川紫央　それなら来なければいいじゃないですか。弾が当たったから来たんでしょう。

毛沢東　産経新聞なんかに広告を打ったって、駐在員《ちゅうざいいん》もいねえんだからさ（注。一九六七年から九八年まで、産経新聞は中国に常駐記者を置くことを拒否された。現在は駐在記者はいるが、霊人発言のままとする）。ふん。

おまえら逮捕《たいほ》する。おまえはアジアからヨーロッパまで、どこも行けなくなるぞ。トランプなんか応援《おうえん》したって、もうすぐ精神病院に収容されることになる。

大川紫央　だって、中国人だってカナダで逮捕されてましたよ。それは、すなわち、中国だけがそういう力を持ってるわけではないことが分かりますね。

毛沢東　カナダごとき〝投げ飛ばす〟のはわけないよ。わけないいんだからさ。

大川紫央　カンダハールはどの星にいるんですか？　いつも。

毛沢東　「星なんかない」って言ってる。

大川紫央　じゃあ、〝漂《ただよ》って〟いるんですか？　そのへんを。

毛沢東　何を言ってるんだ。「全宇宙を支配してる」んだから。

●中国人だってカナダで……　2018年12月1日、カナダ司法当局が中国通信機器大手の華為技術（ファーウェイ）の副会長 兼 最高財務責任者（CFO）の孟晩舟《もうばんしゅう》氏を米国の要請を受けて逮捕した。

大川紫央　だから、「支配できていない」からそう言ってるんでしょ。

毛沢東　「支配してる」から来てるんじゃん。

神武　本拠地《ほんきょち》は？

毛沢東　そんなもの、あるわけがないだろ。

大川紫央　え？　じゃあ、ほんとに、暗闇《くらやみ》のなかをフワフワ漂っているんですか？

毛沢東　「全宇宙を覆《おお》ってる」と言ってる。

神武　嫌われて居場所がないんですね。

毛沢東　「九十パーセントを押《お》さえてる」って言ってる。

大川紫央　（宇宙の）九十パーセントが「ダークマター」とかかもしれないけど、あなたは「ダークマター」なんですか。

毛沢東　それはおまえらが勝手に言ってることであって、私たちは〝宇宙そのもの〟なんだからさ。

大川紫央　〝宇宙そのもの〟ではないじゃないですか。

毛沢東　「宇宙の九割を占めるもの」だ。

大川紫央　今日、総裁先生が朝五時ぐらいから寝《ね》れなくて、七時前ぐらいにちょっと寝始めたら、「十分おきに拉致《らち》される」っていう夢を見たらしいんです。

毛沢東　まあ、アブダクション（宇宙人による誘拐《ゆうかい》）したるから、もうすぐ。映画もつくれないようにしてやるし、本も〝今日の本〟が最後だ。もう出版禁止になるから。

大川紫央　いや、禁止にならないですよ、ここ日本だから。

毛沢東　日本はねえ、もう、だから、来年の年明け早々ね、もう尖閣《せんかく》、沖縄《おきなわ》が占領《せんりょう》されるからね。占領されるから。日本はもう〝共産軍司令圏《けん》〟に入るから、もうすぐ。うん。

2　頑《かたく》なに脅《おど》しを続ける毛沢東《もうたくとう》

「日本は中国の植民地。本を発禁に」と繰《く》り返す

神武　日本でいちばん嫌《きら》いな人は誰《だれ》ですか。

毛沢東　「日本でいちばん嫌いな人は誰か」ってか。まあ、日本人なんて、〝虫けら〟だから。もう、そんなね、虫けらのなかで誰がいちばん嫌いかっていったって、うーん、うーん、虫けらか……。

　まあ、虫けらは撃《う》ち殺さなくちゃいけないな。日本を占領《せんりょう》するつもりだ。日本を占領するからさ。

神武　じゃあ、「日本を占領したいけど、毛沢東《もうたくとう》の本が出ると、そこがうまく進まなくなるから、本を出してほしくない」ってことですか？

毛沢東　いや、本を出せば、〝占領の口実《こうじつ》〟になるんじゃないか。もうすでに日本は〝中国の植民地〟なんだからさ。そういう本を発禁処分にしなければ、もはや国が潰《つぶ》れる段階まで来てるんだよ。

大川紫央　では、あなたは毛沢東なんですね？

毛沢東　うん、まあ、（毛沢東）以上だな。

大川紫央　毛沢東を指導しているんですか？

毛沢東　まあ、「毛沢東」っていう、ごく一部もあるかもしらん。

大川紫央　ああ、毛沢東が「魂《たましい》の一部」なんですね。

毛沢東　うーん。

大川紫央　じゃあ、「魂」は信じるんですね。

毛沢東　「魂」っていう言葉はちょっと……、中国言葉では「魂魄《こんぱく》」ね。エナジーのもと。

今日はねえ、「邪悪《じゃあく》なるものを世に送ったために、祟《たた》りで滅《ほろ》びる」と言いに来たわけです。

大川紫央　だから、あなたたちが嫌《いや》がる本を出しているっていうことは、「正義に適《かな》っている」ってことですね。

毛沢東　いや、嫌がりはしないが、ご飯《はん》に銀バエがつくようで嫌だって言ってるだけで。

「私は宇宙神にして地球神」

大川紫央　毛沢東以外に、魂に親近感があるというか、（魂の）一部だと思う人はいますか。

毛沢東　うーん、私は「宇宙のすべて」です。

大川紫央　いや、だって、私は「あなたの一部」じゃないんですから。

毛沢東　おまえは〝金魚のフン〟だ。フンとは別だ。

大川紫央　じゃあ、「すべてではない」でしょう。

毛沢東　ゴミだ。日本自体が〝中国のうんち〟なんだ。

大川紫央　まあ、その一言《ひとこと》で、あなたの頭は、〝私レベル〟だってことになっちゃいますよ。

毛沢東　おまえたちみたいにねえ、他人《ひと》に迷惑《めいわく》をかけてるやつはねえ、ろくな末路《まつろ》を送らないんだよ。

大川紫央　他人に迷惑をかけているのは、あなたです。

毛沢東　もうすぐ、全員〝発狂罪《はっきょう》〟だ。わしは神なんだからさ。「称《たた》えるしかない」のに、どうしてケチをつける。

大川紫央　じゃあ、あなたは何て言う神だって言うべきですか。

毛沢東　宇宙の神なんだよ。宇宙神にして地球神。

大川紫央　で、名前は？　マオ？

毛沢東　ええっ？　「中国の赤い星」じゃ。「チャイニーズ・レッド・スター」だ。

大川紫央　「チャイニーズ・レッド・スター」って言ったら、あなたが出てくるんですか？　もし、ほかの人が出てきたらどうするんですか？

毛沢東　何が？

大川紫央　もうちょっと、ちゃんと名前を言っておかないと、ほかの人が「わしがそうじゃ」って言ってくるかも。そんな抽象《ちゅうしょう》的な名前だと。

毛沢東　「本体」が出るのはたまにしか……。

神武　江青《こうせい》さんと知り合いですか？

毛沢東　……あいつはあかん。

神武　では、毛沢東ですね。

毛沢東　うーん。おまえらよりは美人だがな。
日本の国会議員は、「毛沢東《けざわひがし》」と呼ぶ人もいる。

大川紫央　（笑）
「イスラム教をやっつける」

大川紫央　毛沢東先生は、普段《ふだん》、どこにいるんですか？

毛沢東　今はだから、「地球征服《せいふく》」に入っとるんだ。

大川紫央　まだ、たぶん、イスラム教も征服できていないですよね？

毛沢東　やっつける。

大川紫央　さあ？　どうでしょう。怖《こわ》いと思いますよ、イスラム教は。

毛沢東　やっつける。イスラム教はまだね、パキスタン以外に、核《かく》兵器を持っておらんから。

大川紫央　今、毛沢東さんは「キリスト教」と「イスラム教」、両方に喧嘩《けんか》を売ってますよね。

毛沢東　両方潰《つぶ》してやる。本当の〝神〟はわし一人じゃから、あとの宗教は全部偽《にせ》物《もの》じゃ。

大川紫央　あっ、宗教を名乗りたいんですね。

毛沢東　いや、宗教とは言わんが、〝神〟だからのう。とにかく、ああいう〝悪い本〟（本書のこと）は早く、絶版《ぜっぱん》にしなさい。

大川紫央　えっ、〝悪い本〟って？　だって、自分の思想を語っただけじゃないですか、あなたは。

神武　そうそう。あなたの意見をお知らせすることができるんですよ？

毛沢東　誘導尋問《ゆうどうじんもん》が多すぎる。出すな。出すな！

大川紫央　なんで？　自分の意見ですよ。

毛沢東　出すな。誰も「出したい」って言ってないよ、あれ。

大川紫央　九十パーセント毛沢東先生の意見ですよ。

神武　もう独壇場《どくだんじょう》でしたよ。

毛沢東　（だったら）寄付は、寄付は？

大川紫央　えっ？　だって、あなたは、共産主義だから、みんなに分け与《あた》えなきゃいけない。

毛沢東　幸福の科学の門前《もんぜん》に、毛沢東像《もうたくとう》を建てろ。

大川紫央　いや、毛沢東先生、「平等が好き」なんだったら、あなたも〝平等のなかの一人〟に埋没《まいぼつ》しなければならないですよ。

「本を出すな。おまえらは潰《つぶ》れ、日本は占領《せんりょう》される」

毛沢東　うん。（本を）出すな。出したら、おまえたちは潰《つぶ》れ、日本は占領《せんりょう》される。

大川紫央　はい、毛沢東先生、さようなら。

毛沢東　ふん。悔《くや》しかったら、中国伝道してみろっていうんだ。

大川紫央　でも、歴代、中国で偉《えら》い人たち、けっこう日本にも転生《てんしょう》してますよ。まだ、明かされていないこともあるかもしれませんよ。

毛沢東　そんなのは、みんな〝インチキ〟だよ。中国人が日本なんかに生まれるわけねえ。

大川紫央　あるんですよ、それが。

毛沢東　日本人は嫌いなんだからさあ。

神武　毛沢東さん、日本に生まれたことはないんですか。

毛沢東　そんなことがあってたまるかあ！

大川紫央　じゃあ、毛沢東先生、中国の●太宗皇帝《たいそうこうてい》とか●玄宗《げんそう》皇帝とかは好きじゃないんですか?

毛沢東　……そんなものは、よく知らんわ。

大川紫央　唐《とう》の時代がいちばん、中国は栄《さか》えたじゃないですか。

毛沢東　うーん? わしの時代が一番じゃ。うーん。とにかく潰せ。出したら、出版の社長は死ぬ。

大川紫央　えっ、だから、おかしいですよ。毛先生が、「自分がしゃべったことを出すな」って言うということは、「毛先生の意見が自分で間違《まちが》っていると思ってい

●太宗皇帝（598 ～ 649）　中国、唐朝《とうちょう》の第2代皇帝（在位626 ～ 649）。名宰相《めいさいしょう》、名将を登用し、諸制度を整えて、唐の基礎を築いた名君とされる。その治世は「貞観《じょうがん》の治《ち》」と呼ばれて、後世の皇帝の模範とされた。北条政子《ほうじょうまさこ》が学んだとされる『貞観《じょうがん》政要《せいよう》』は太宗の言行録。

る」ってことでしょう?

毛沢東　いや、違う。日本で、陰謀《いんぼう》をかけられてるから。日本人は、それを、勘違《かんちが》いをする怖《おそ》れがある。

大川紫央　いや、それとも、「勘違いをする」ってことは、「自分の意見を出したら不利になると思ってる」ってことでしょう。

毛沢東　あの、(本書の)「まえがき」「あとがき」は何だ、あれは? あんなことを書いたら、おまえらはもう本当に、朝日新聞もNHKも、その他のマスコミも全部敵に回して。

大川紫央　いや、そのマスコミたちの洗脳を解かないといけません。戦後教育の

●玄宗皇帝(685～762)　中国、唐朝の第6代皇帝(在位712～756)。韋后《いこう》(第4代皇帝の皇后)を殺害し、父の睿宗《えいそう》を立て、その後、譲位《じょうい》により即位。これまでの政治的混乱を収拾し、諸制度を改革、太平の世を築いた。妻は楊貴妃《ようきひ》。

……。

毛沢東　広告が載《の》るのは産経新聞だけ。潰れかけのな。それだけになるぞ？　それで、言論になってると思っとるのか。

大川紫央　中国よりは、「言論の自由」がありますよ。

毛沢東　一回、中国に来てみろ。即逮捕《そくたいほ》して、死刑《しけい》にしてやるから、三日以内に。

大川紫央　嫌です。

毛沢東　一発、どこへ来ても、顔面認識して、捕《つか》まえるからな。

大川紫央　それを言うなら、もうちょっと、都市部以外の農村の人たちの生活も豊かにしてあげてから言ってくれますかね。

毛沢東　もうすでに豊かなんだよ。

大川紫央　フェイクの「バブル思想」ですよ、それは。実態がない思想をよく、中国もおっしゃっているんで。地に足をつけて、発展・繁栄《はんえい》を説いてください。

毛沢東　ミミズよりは豊かな生活をしている。大金持ちはいっぱい生まれておるんだ。

大川紫央　だから、「バブル」でしょう?

毛沢東　もうアメリカは超《こ》えたんだよ。

大川紫央　泡《あわ》って、膨《ふく》らんだら、必ず弾《はじ》けちゃうんですよ。

毛沢東　まあ、沖縄《おきなわ》のあのへん〝取る〟から、おまえは帰るところはないからな。石垣島《いしがきじま》は取ってやるからな（注。質問者の神武は、沖縄県石垣市出身）。うん。

神武　尖閣《せんかく》諸島は石垣市にありますからね。

「日本は、最後のときが来た」と書きたいと主張

毛沢東　ふん。孫が〝恐竜《きょうりゅう》〟になっとるだろ、今。

大川紫央　孫は〝恐竜〟じゃないです。

毛沢東　〝恐竜〟着とるよ。

大川紫央　それ、服でしょう。

毛沢東　うーん。

大川紫央　東郷平八郎《とうごうへいはちろう》さん、怖いでしょう?

毛沢東　全然怖くない。

大川紫央　「日清」「日露《にちろ》」、両方勝っていますからね。たぶん敗れると思いますよ。

毛沢東　全然怖くない。わしらのなあ、空母に勝てるわけがない。

大川紫央　いやあ、どうでしょうかねえ。

毛沢東　（海上自衛隊の護衛艦《かん》の）「いずも」は出雲沖《いずもおき》で沈《しず》めたる。

大川紫央　しつこいですね。

毛沢東　もうこれが〝最後の本〟だ。

大川紫央　なんで、自分の思想をそんなに否定するんですか。

毛沢東　おまえら……。わしの思想でないからだよ。

大川紫央　どうして？

毛沢東　わしに「まえがき」「あとがき」をちゃんと書かせろ。「日本は、最後のときが来たのである」って書いてやる。

大川紫央　なんで、自分で九十分以上しゃべって、大川総裁の、あの「まえがき」「あとがき」の二ページずつに、そんなに負けてるんですか。

毛沢東　悪用されたから怒《おこ》ってる。

大川紫央　あなたは九十分以上しゃべって、何百ページもしゃべったのに、「総裁先生の、たった四ページに負けたと自分で思ってる」ってことですね。

毛沢東　わしは、〝真実の著者〟なんだから。趣旨《しゅし》を述べる必要は……。

大川紫央　分かりました。じゃあ、この本（本書）で勝負はついていたんですね。はい。負けを認めて、さようなら（手を一回叩《たた》く）。

毛沢東　おまえら、くそっ。あの、（幸福の科学）出版社長は佐藤《さとう》か。「来年寿命《じゅみょう》だから」って言っといてくれるか？

大川紫央　いや、寿命は、あなたじゃなくて、ちゃんと天上界《てんじょうかい》で決めてくるんです。

毛沢東　やっぱり、寒いころよく死ぬから、二月には死ぬだろう。

大川紫央　死にません。

毛沢東　もう、あんな……、あんな〝間違えた本〟が売れるわけがない。警察の誘導尋問だ。

神武　「地球最大の悪魔《あくま》」ですね。

毛沢東　何が、こんな〝いい人〟をつかまえて、何ちゅうことを言う。

神武　はい。帰りましょう。習近平《しゅうきんぺい》さんの指導に行ってください。もうここはいいですから。

毛沢東　（指導は）毎日しとるわ。来年は日本占領だからな。そう言っとけよ。新年になあ。うん。

大川紫央　さようなら。

あとがき

国民が全員、暴力団員になったら、この世は地獄だろう。他方、この世が全員、警察官になっても、税務署員になっても、この世は地獄だろう。

では、この世が全員NHK職員や朝日新聞社員になったとしたら？　やはりそこは地獄だろう。

つまり異《こと》なった価値観や、権力のチェック・アンド・バランスが必要なのだ。

宗教は、特に本物の宗教は、常に、この世の価値観とは違う神の教えが降《ふ》ってくる。目に見えぬ権威が臨在《りんざい》して、地上の権力を相対化《そうたいか》し続ける。だから全体主義国家は、宗教の起こす革命を怖《おそ》れる。
今回、現代中国建国の父、毛沢東《もうたくとう》が、地球最大級の悪魔であることを看破《かんぱ》した。
これが人類の未来への革命の原点となるだろう。

二〇一八年　十二月二十八日

幸福《こうふく》の科学《かがく》グループ創始者兼総裁《そうししゃけんそうさい》　大川隆法《おおかわりゅうほう》

『毛沢東の霊言』関連書籍

『太陽の法』（大川隆法 著　幸福の科学出版刊）
『黄金の法』（同右）
『永遠の法』（同右）
『Love for the Future』（同右）
『プーチン大統領の新・守護霊メッセージ』（同右）
『プーチン 日本の政治を叱る』（同右）
『ロシアの本音　プーチン大統領守護霊 vs. 大川裕太』（同右）
『マルクス・毛沢東のスピリチュアル・メッセージ』（同右）
『アダム・スミス霊言による「新・国富論」
——同時収録　鄧小平の霊言　改革開放の真実——』（同右）
『習近平守護霊　ウイグル弾圧を語る』（同右）

『周恩来の予言』（同右）
『マキャヴェリ「現代の君主論」とは何か』（同右）
『秦の始皇帝の霊言　２１００中国・世界帝国への戦略』（同右）
『赤い皇帝 スターリンの霊言』（同右）
『宇宙人による地球侵略はあるのか』（同右）
『「ＵＦＯリーディング」写真集』（同右）
『日露平和条約がつくる新・世界秩序　プーチン大統領守護霊 緊急メッセージ』
（大川隆法 著　幸福実現党刊）
『ロシア・プーチン新大統領と帝国の未来』（同右）

毛沢東《もうたくとう》の霊言《れいげん》

──中国覇権主義、暗黒の原点を探る──

2019年1月7日　初版第1刷
2019年2月27日　第4刷

著　者　大《おお》川《かわ》隆《りゅう》法《ほう》

発行所　幸福の科学出版株式会社

〒107-0052 東京都港区赤坂2丁目10番14号
TEL(03)5573-7700
https://www.irhpress.co.jp/

印刷・製本　株式会社 研文社

落丁・乱丁本はおとりかえいたします

ISBN978-4-8233-0048-6 C0030

カバー 新華社 / アフロ, Avalon/ 時事通信フォト, Jozef Sowa/Shutterstock.com
p.38,195 AFP ＝時事／ p.38 中国通信 / 時事通信フォト
p.89 北海道新聞社 / 時事通信フォト
装丁・イラスト・写真（上記・パブリックドメインを除く）© 幸福の科学

大川隆法シリーズ・**最新刊**

ヘルメス神と空海と魔法

霊界の秘儀と奇跡のメカニズム

ファンタジーを超えた現実としての“魔法”とは──。西洋文明の源流・ヘルメス神と、日本密教の巨人・空海が、「魔法の秘密」を解き明かす。

1,500円

天照大神《あまてらすおおみかみ》の「信仰継承」霊言

「信仰の優位」の確立をめざして

法を曲げない素直さと謙虚さ、そして調和の心──。幸福の科学二代目に求められる条件とは何か。「後継者問題」に秘められた深い神意が明かされる。

1,500円

天御祖神《あめのみおやがみ》の降臨

古代文献『ホツマツタヱ』に記された創造神

3万年前、日本には文明が存在していた──。日本民族の祖《おや》が明かす、歴史の定説を凌駕するこの国のルーツと神道の秘密、そして宇宙との関係。秘史を記す一書。

1,600円

※表示価格は本体価格(税別)です。

大川隆法霊言シリーズ・中国の野望への警鐘

習近平守護霊 ウイグル弾圧を語る

ウイグル"強制収容所"の実態、チャイナ・マネーによる世界支配戦略、宇宙進出の野望――。暴走する独裁国家の狙いを読み、人権と信仰を守るための一書。

1,400円

守護霊インタビュー 習近平 世界支配へのシナリオ

米朝会談に隠された中国の狙い

米朝首脳会談に隠された中国の狙いとは？ 米中貿易戦争のゆくえとは？ 覇権主義を加速する中国国家主席・習近平氏の驚くべき本心に迫る。

1,400円

秦の始皇帝の霊言 2100 中国・世界帝国への戦略

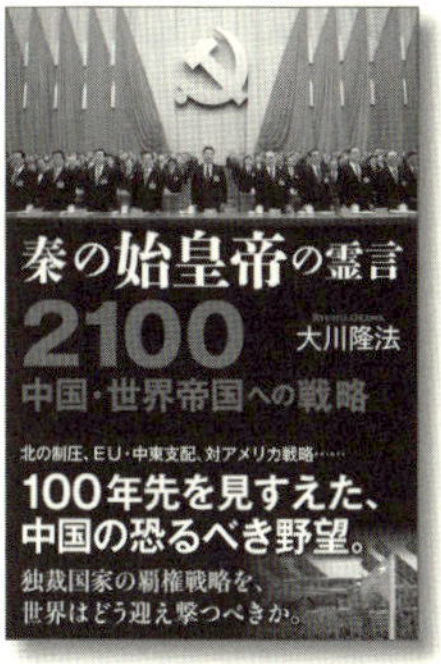

ヨーロッパ、中東、インド、ロシアも支配下に!? 緊迫する北朝鮮危機のなか、次の覇権国家を目指す中国の野望に、世界はどう立ち向かうべきか。

1,400円

幸福の科学出版

大川隆法霊言シリーズ・共産主義の本質に迫る

赤い皇帝 スターリンの霊言

旧ソ連の独裁者・スターリンは、戦中・戦後、そして現代の米露日中をどう見ているのか。共産主義の実態に迫り、戦勝国の「正義」を糺《ただ》す一冊。

1,400円

マルクス・毛沢東のスピリチュアル・メッセージ

衝撃の真実

共産主義の創唱者マルクスと中国の指導者・毛沢東。思想界の巨人としても世界に影響を与えた、彼らの死後の真価を問う。

1,500円

アダム・スミス霊言による「新・国富論」

同時収録 鄧小平の霊言 改革開放の真実

国家の経済的発展を導いた、英国の経済学者と中国の政治家。霊界における境遇の明暗が、真の豊かさとは何かを克明に示す。

1,300円

※表示価格は本体価格(税別)です。

大川隆法霊言シリーズ・世界情勢を読む

日露平和条約がつくる新・世界秩序 プーチン大統領守護霊緊急メッセージ

なぜ、プーチンは条約締結を提言したのか。中国や北朝鮮の核の脅威、北方領土問題の解決と条件、日本の選ぶべき未来とは――。【幸福実現党刊】

1,400円

スピリチュアル・インタビュー メルケル首相の理想と課題

英語霊言 日本語訳付き

移民政策や緊縮財政など、ＥＵの難局に直面するドイツ首相の本心に迫る。トランプや習近平、プーチンに対する本音、そして、衝撃の過去世が明らかに。

1,400円

守護霊インタビュー トランプ大統領の決意

北朝鮮問題の結末とその先のシナリオ

英語霊言 日本語訳付き

"宥和《ゆうわ》ムード"で終わった南北会談。トランプ大統領は米朝会談を控え、いかなるビジョンを描くのか。今後の対北朝鮮戦略のトップシークレットに迫る。

1,400円

大川隆法ベストセラーズ・地球文明に接近する宇宙人

UFOリーディング Ⅰ・Ⅱ

なぜ、これほどまでに多種多様な宇宙人が、日本に現れているのか？ 著者が目撃し、撮影した数々のUFOをリーディングした、シリーズⅠ・Ⅱ！

各1,400円

中国「秘密軍事基地」の遠隔透視

中国人民解放軍の最高機密に迫る

人類最高の霊能力が、中国の謎の構造物を遠隔透視！ アメリカ政府も把握できていない中国軍のトップ・シークレットに迫る。

1,500円

ザ・コンタクト

すでに始まっている「宇宙時代」の新常識

宇宙人との交流秘史から、アブダクションの目的、そして地球人の魂のルーツまで――。「ＵＦＯ後進国ニッポン」の目を覚ます鍵がここに！

1,500円

※表示価格は本体価格（税別）です。

愛の魔法が、世界を包む。
ある日、突然目の前に現れたキミは、
地上に舞い降りた〝最後の白魔女〟だった――。
僕の彼女は魔法使い
製作総指揮・原案／大川隆法
千眼美子
梅崎快人　春宮みずき　佐伯日菜子　高杉亘　不破万作
監督／清田英樹　脚本／チーム・アリプロ　音楽／水澤有一　製作／幸福の科学出版　製作協力／ARI Production　ニュースター・プロダクション
制作プロダクション／ジャンゴフィルム　配給／日活　配給協力／東京テアトル
https://bokukano-maho.jp
©2019 IRH Press
NIKKATSU

世界から
希望が
消えたなら。
製作総指揮・原案／大川隆法
竹内久顕　千眼美子　さとう珠緒　芦川よしみ　石橋保　木下渓
監督／赤羽博　音楽／水澤有一　脚本／大川咲也加　製作／幸福の科学出版　製作協力／ARI Production　ニュースター・プロダクション
制作プロダクション／ジャンゴフィルム　配給／日活　配給協力／東京テアトル　©2019 IRH Press
2019年秋ロードショー

幸福の科学グループのご案内

宗教、教育、政治、出版などの活動を通じて、地球的ユートピアの実現を目指しています。

幸福の科学

一九八六年に立宗。信仰の対象は、地球系霊団の最高大霊、主エル・カンターレ。世界百力国以上の国々に信者を持ち、全人類救済という尊い使命のもと、信者は、「愛」と「悟り」と「ユートピア建設」の教えの実践、伝道に励んでいます。

（二〇一九年二月現在）

愛

幸福の科学の「愛」とは、与える愛です。これは、仏教の慈悲《じひ》や布施《ふせ》の精神と同じことです。信者は、仏法真理をお伝えすることを通して、多くの方に幸福な人生を送っていただくための活動に励んでいます。

悟り

「悟り」とは、自らが仏の子であることを知るということです。教学《きょうがく》や精神統一によって心を磨き、智慧《ちえ》を得て悩みを解決すると共に、天使・菩薩《ぼさつ》の境地を目指し、より多くの人を救える力を身につけていきます。

ユートピア建設

私たち人間は、地上に理想世界を建設するという尊い使命を持って生まれてきています。社会の悪を押しとどめ、善を推し進めるために、信者はさまざまな活動に積極的に参加しています。

国内外の世界で貧困や災害、心の病で苦しんでいる人々に対しては、現地メンバーや支援団体と連携して、物心両面にわたり、あらゆる手段で手を差し伸べています。

年間約３万人の自殺者を減らすため、全国各地で街頭キャンペーンを展開しています。

公式サイト **www.withyou-hs.net**

ヘレン・ケラーを理想として活動する、ハンディキャップを持つ方とボランティアの会です。視聴覚障害者、肢体不自由な方々に仏法真理を学んでいただくための、さまざまなサポートをしています。

公式サイト **www.helen-hs.net**

入会のご案内

幸福の科学では、大川隆法総裁が説く仏法真理《ぶっぽうしんり》をもとに、「どうすれば幸福になれるのか、また、他の人を幸福にできるのか」を学び、実践しています。

入会　仏法真理を学んでみたい方へ

大川隆法総裁の教えを信じ、学ぼうとする方なら、どなたでも入会できます。入会された方には、『入会版「正心法語《しょうしんほうご》」』が授与されます。

ネット入会　入会ご希望の方はネットからも入会できます。
happy-science.jp/joinus

三帰《さんき》誓願《せいがん》　信仰をさらに深めたい方へ

仏弟子としてさらに信仰を深めたい方は、仏《ぶっ》・法《ぽう》・僧《そう》の三宝《さんぽう》への帰依を誓う「三帰誓願式」を受けることができます。三帰誓願者には、『仏説・正心法語』『祈願文《きがんもん》①』『祈願文②』『エル・カンターレへの祈り』が授与されます。

幸福の科学 サービスセンター
TEL 03-5793-1727
受付時間/
火～金:10～20時
土・日祝:10～18時
(月曜を除く)

幸福の科学 公式サイト
happy-science.jp

ハッピー・サイエンス・ユニバーシティ

Happy Science University

ハッピー・サイエンス・ユニバーシティとは

ハッピー・サイエンス・ユニバーシティ(HSU)は、大川隆法総裁が設立された「現代の松下村塾」であり、「日本発の本格私学」です。
建学の精神として「幸福の探究と新文明の創造」を掲げ、
チャレンジ精神にあふれ、新時代を切り拓く人材の輩出を目指します。

人間幸福学部　経営成功学部　未来産業学部

HSU長生キャンパス TEL **0475-32-7770**
〒299-4325　千葉県長生郡長生村一松丙 4427-1

未来創造学部

HSU未来創造・東京キャンパス
TEL **03-3699-7707**
〒136-0076　東京都江東区南砂2-6-5

公式サイト **happy-science.university**

学校法人 幸福の科学学園

学校法人 幸福の科学学園は、幸福の科学の教育理念のもとにつくられた教育機関です。人間にとって最も大切な宗教教育の導入を通じて精神性を高めながら、ユートピア建設に貢献する人材輩出を目指しています。

幸福の科学学園
中学校・高等学校(那須本校)
2010年4月開校・栃木県那須郡(男女共学・全寮制)
TEL **0287-75-7777** 公式サイト **happy-science.ac.jp**

関西中学校・高等学校(関西校)
2013年4月開校・滋賀県大津市(男女共学・寮及び通学)
TEL **077-573-7774** 公式サイト **kansai.happy-science.ac.jp**

仏法真理塾「サクセスNo.1」

全国に本校・拠点・支部校を展開する、幸福の科学による信仰教育の機関です。小学生・中学生・高校生を対象に、信仰教育・徳育にウエイトを置きつつ、将来、社会人として活躍するための学力養成にも力を注いでいます。

TEL 03-5750-0747(東京本校)

エンゼルプランV TEL 03-5750-0757

幼少時からの心の教育を大切にして、信仰をベースにした幼児教育を行っています。

不登校児支援スクール「ネバー・マインド」 TEL 03-5750-1741

心の面からのアプローチを重視して、不登校の子供たちを支援しています。

ユー・アー・エンゼル!(あなたは天使!)運動

一般社団法人 ユー・アー・エンゼル TEL 03-6426-7797

障害児の不安や悩みに取り組み、ご両親を励まし、勇気づける、障害児支援のボランティア運動を展開しています。

NPO活動支援

学校からのいじめ追放を目指し、さまざまな社会提言をしています。また、各地でのシンポジウムや学校への啓発ポスター掲示等に取り組む一般財団法人「いじめから子供を守ろうネットワーク」を支援しています。

公式サイト mamoro.org ブログ blog.mamoro.org

相談窓口 TEL.03-5544-8989

百歳まで生きる会

「百歳まで生きる会」は、生涯現役人生を掲げ、友達づくり、生きがいづくりをめざしている幸福の科学のシニア信者の集まりです。

シニア・プラン21

生涯反省で人生を再生・新生し、希望に満ちた生涯現役人生を生きる仏法真理道場です。定期的に開催される研修には、年齢を問わず、多くの方が参加しています。全国168カ所、海外12カ所で開校中。

【東京校】TEL 03-6384-0778 FAX 03-6384-0779

メール senior-plan@kofuku-no-kagaku.or.jp

幸福実現党

内憂外患《ないゆうがいかん》の国難に立ち向かうべく、2009年5月に幸福実現党を立党しました。創立者である大川隆法党総裁の精神的指導のもと、宗教だけでは解決できない問題に取り組み、幸福を具体化するための力になっています。

幸福実現党 釈量子サイト **shaku-ryoko.net**

Twitter **釈量子@shakuryoko**で検索

党の機関紙
「幸福実現NEWS」

幸福実現党 党員募集中

あなたも幸福を実現する政治に参画しませんか。

○幸福実現党の理念と綱領、政策に賛同する18歳以上の方なら、どなたでも参加いただけます。

○党費:正党員(年額5千円[学生 年額2千円])、特別党員(年額10万円以上)、家族党員(年額2千円)

○党員資格は党費を入金された日から1年間です。

○正党員、特別党員の皆様には機関紙「幸福実現NEWS(党員版)」が送付されます。

＊申込書は、下記、幸福実現党公式サイトでダウンロードできます。

住所:〒107-0052 東京都港区赤坂2-10-8 6階 幸福実現党本部

TEL **03-6441-0754** FAX **03-6441-0764**

公式サイト **hr-party.jp** 若者向け政治サイト **truthyouth.jp**

出版 メディア 芸能文化　幸福の科学グループ

幸福の科学出版

大川隆法総裁の仏法真理の書を中心に、ビジネス、自己啓発、小説など、さまざまなジャンルの書籍・雑誌を出版しています。他にも、映画事業、文学・学術発展のための振興事業、テレビ・ラジオ番組の提供など、幸福の科学文化を広げる事業を行っています。

アー・ユー・ハッピー？
are-you-happy.com

ザ・リバティ
the-liberty.com

幸福の科学出版
TEL **03-5573-7700**
公式サイト **irhpress.co.jp**

THE FACT
ザ・ファクト
マスコミが報道しない「事実」を世界に伝えるネット・オピニオン番組

ザ・ファクト　検索

NEW STAR PRODUCTION

ニュースター・プロダクション

「新時代の美」を創造する芸能プロダクションです。多くの方々に良き感化を与えられるような魅力あふれるタレントを世に送り出すべく、日々、活動しています。 公式サイト **newstarpro.co.jp**

ARI Production

ARI《アリ》 Production《プロダクション》

タレント一人ひとりの個性や魅力を引き出し、「新時代を創造するエンターテインメント」をコンセプトに、世の中に精神的価値のある作品を提供していく芸能プロダクションです。 公式サイト **aripro.co.jp**

大川隆法　講演会のご案内

大川隆法総裁の講演会が全国各地で開催されています。講演のなかでは、毎回、「世界教師」としての立場から、幸福な人生を生きるための心の教えをはじめ、世界各地で起きている宗教対立、紛争、国際政治や経済といった時事問題に対する指針など、日本と世界がさらなる繁栄の未来を実現するための道筋が示されています。

2018年12月11日 幕張メッセ「奇跡を起こす力」

2018年7月4日 さいたまスーパーアリーナ「宇宙時代の幕開け」

2017年8月2日 東京ドーム「人類の選択」

2018年10月7日 ザ・リッツカールトン ベルリン（ドイツ）「Love for the Future」

2019年1月26日 広島県立文化芸術ホール「未来への希望」

講演会には、どなたでもご参加いただけます。最新の講演会の開催情報はこちらへ。⟹ 大川隆法総裁公式サイト https://ryuho-okawa.org